聖書を読んだサムライたち

もうひとつの幕末維新史

守部喜雅

いのちのことば社
フォレストブックス

はじめに

今から百五十年前、長崎、横浜、函館の三つの港が、外の世界に向って大きく開かれました。その開港に至るまでには、一八五三（嘉永六）年のペリー艦隊の来航があり、翌年の日米和親条約、日英和親条約の締結がありました。

一八五九（安政六）年、実際に日本の主な港が世界に向って大きく開かれたところから、本格的に欧米文明が急速に入ってきたのです。それは、欧米文明の利器が入って来たと同時に、欧米文明の精神ともいえる聖書の真理を伝えるキリスト教も入ってきたことを意味します。

しかし、幕末維新の時代に入って来た聖書の真理がどのように当時の武士階級に受け入れられ、それが、新しい日本の政治や思想に影響を与えたかは、必ずしも歴史の表舞台で大きく取り上げられることはありませんでした。

和魂洋才という言葉があります。明治以来、日本は天皇制と国家主義を和魂とし、欧米からは技術や方法論という洋才を取り入れた歴史的現実があります。洋才を生んだ洋魂であるはずのキリスト教文化は、一般の世界ではクリスマスのお祭り騒ぎに反映されているに過ぎません。本来は、クリスマスとは、救い主イエス・キリストの誕生を祝う厳粛な行事であるはずです。それはキリスト教文化の魂ともいうべきものなのですが、いつの間にか、クリスマスの主役はサンタクロースに取って代わられ、ここでも洋魂は置き去りにされてきました。

そこで、幕末維新の歴史を新しい視点で見直す必要が浮上してきます。本書で取り上げた〝聖書を読んだサムライたち〟の物語は、洋魂の根底にある聖書の真理がいかに幕末に生きた武士やその子弟たちに衝撃を与えたかを追ってみたものです。

そこには勝海舟、福沢諭吉《ゆきち》、大隈重信《おおくましげのぶ》、さらには新島襄《じょう》、内村鑑三《かんぞう》、新渡戸《にとべ》稲造といったおなじみの歴史的人物と外国人宣教師との意外な出会いの秘話も出てきます。また、坂本龍馬を斬った男の回心記もあり、それは、知られざるもうひとつの幕末維新史と言えるかも知れません。

では、今から百五十年前、アメリカからキリスト教の宣教師が聖書の真理を伝えるために日本にやって来たころの話から始めてみましょう。

二〇〇九年十二月

守部喜雅

目次

プロローグ

オランダ人宣教師フルベッキと妻マリアがサープライズ号に乗ってニューヨーク港を出発したのは一八五九年五月七日。二人は、四月十八日にフィラデルフィアで結婚式を挙げたばかりの新婚夫婦でした。

約五カ月余り、大西洋から喜望峰《きぼうほう》をまわりインド洋を経て南シナ海に入るという実に長い航海の末、十月十七日、中国、それも当時は清の時代の上海に船は寄港しました。

一八五九（安政六）年、徳川幕府が鎖国の長い眠りから覚めて世界に向けて開港したのは長崎と横浜、函館の三つの港でした。意外なことに、フルベッキは上海に着いた時点では、まだ日本での落ち着き先を決めかねていたようです。アメリカから同船してきた先輩の宣教師ブラウンや医療宣教師のシモンズは上海から横浜に向かう船に乗って十一月一日には日本に到着していますが、フルベッキと妻マリアは上海にしばらくとどまったのです。

当時の上海は、すでに国際都市の様相を呈《てい》し、沿岸には十字架を戴《いただ》いたキリスト教会も散見され、漢文の聖書やキリスト教の信仰書を活版で制作できる印刷所も営業していました。もっとも、中国の国内情勢は、太平天国の乱が下火になったとはいえ、その革命の炎が燃え続けている状態で、はなはだ不安定な状況にありました。

上海に定住し伝道活動をしていたアメリカの宣教師などの助言もあったのでしょう。結局、フルベッキは、以前から上海と船の往来があった長崎を最終目的地と決めます。徳川幕府は鎖国時代にも、長崎の港にだけは、オランダや上海からの船を受け入れ、外国との交流を暗黙の内に認めていました。

十一月七日の夜遅く、フルベッキは一人で長崎の港に着きました。身重の妻は長崎の宿舎が決まってから迎えるということで十二月末まで上海にとどまることにしたのです。当時、上海にはブラウン宣教師やシモンズ医師の夫人たちもとどまっていました。ですからマリア夫人は決してさびしくはなかったはずです。

しかし、その二カ月後、初めて与えられた子どもを失うという悲劇は起こりました。

（次頁の手紙は、フルベッキが長崎からアメリカの伝道団体宛てに書いた二通目の宣教報告です）

フルベッキが上陸した、幕末の長崎の港と町並み。1866年（慶応2年）、F.ベアト撮影。立山（現長崎駅前）から長崎市内と港口を遠望。外国籍と思しき帆船も多数見える（長崎大学附属図書館蔵）

1860（安政７）年

２月17日付

フルベッキの手紙

１月26日、可愛い女の子が生まれ喜びに満たされました。日本が開国して最初のキリスト信徒の誕生です。一週間、健康そうにみえましたが、二週目には病気で衰弱し、今月９日、この小さい生命は主に召されてしまいました。

死ぬ前の安息日には、わたしはこの娘にバプテスマを授けエンマ・ジャポニカと名づけました。これは日本で最初の幼児洗礼でした。

この突然の悲しみは本当に深刻でした。多くの希望も失意に変わり、希望にみちた歓喜も悲嘆に変わりました。この異教の荒野と孤独の中に堪え難い思いです！

でも、死んだこの娘は、この世がこの幼児に与えるよりももっと救い主のもとにあって、より祝福を受けるでありましょう。そう思うと、悲しみはまた、喜びに変わります。主はすべてをよく導いて下さいます。

（『フルベッキ書簡集』高谷道男編訳・新教出版社）

「謎のフルベッキ写真」

セピア色のかなり古い時代のものと思われる一枚の写真があります。外国人の中年の男性と小さな男の子が中央に座りそのまわりを、四十人もいるのでしょうか、青年武士たちが二人を取り囲むようにして写っています。

少々緊張した面持ちで写っている外国人がフルベッキです。右横にいる長男の年恰好からすると最初の女の子エンマを失って六、七年が経っているのでしょう。この写真は、我が国最初の写真家と言われた上野彦馬《ひこま》が長崎のスタジオで撮ったことは分かっているのですが、撮影日がいつかは不明です。

ところで、この写真に写っている武士達から発せられるある種の気迫のようなものはいったい何なのでしょうか。どう見ても多くは二十代そこその若者達です。それなのに一人一人の面構えは尋常ではありません。

これはただの記念写真ではないのではないか、といった印象からこの写真には様々な風評が付いて回りました。曰く、ここには、西郷隆盛、坂本龍馬、勝海舟、伊藤博文、大隈重信、桂小五郎、高杉晋作といった幕末維新を導いた指導者たちの若き日の姿が写っている云々……。

「謎のフルベッキ写真」に写されたフルベッキ親子と、現役の武士たち。「面魂（つらだましい）」という言葉があったことを思い出させる表情が多い。『開国五十年史 上巻』開国五十年史発行所・明治40年刊より

そこで、これは「謎のフルベッキ写真」と呼ばれるようになりました。

確かに言われて見ればおなじみの志士たちの面影を何となく感じてしまう画像ではあります。果たしてフルベッキを取り囲む若者たちは新しい日本をリードしたあの幕末維新の志士たちなのか？ 真相は謎に包まれています。ただ最近の研究では、この青年たちは長崎に開設された英語伝習所で学ぶ佐賀藩の志士たちではないかというのが有力な説になっているようです。

フルベッキは、長崎に来て数年後には、佐賀藩の英語伝習所「致遠《ちえん》館」で青年武士に英語を教えていました。佐賀藩の大隈重信や副島種臣《そえじまたねおみ》なども彼の教え子です。特にこの二人は新約聖書とアメリカ憲法の学びで良い成績を残したことを彼自身がその手紙の中で述べています。ですから、写真に写っている青年たちが佐賀藩の武士だというのには説得力があります。しかし、後にフルベッキが明治維新のリーダー達に出会い多大の影響を与えたことを考えると、この写真にまつわる風評も少し別の意味を持って来るのかも知れません。

第一章・洋上に浮かんでいた聖書

宣教師フルベッキ

一八六〇年、すなわち安政七年一月、フルベッキ夫妻と娘エンマ・ジャポニカとの悲しい別れがあったころ、日本の船が初めて太平洋を渡りました。勝海舟ら遣米使節を乗せてアメリカへ出航した咸臨《かんりん》丸です。といっても、そのころの日本には造船技術はありません。咸臨丸はオランダから十万ドルで調達した七百トンに満たない小型の蒸気船でした。

この船には、慶応義塾を創設した若き日の福沢諭吉も乗り込んでいました。諭吉は同船していたアメリカの漂流民ジョン万次郎から外の世界の情報をむさぼるように吸収していたといいます。元々は蘭学《らんがく》を学んでいた諭吉でしたが、一八五四（安政元）年に日米和親条約と日英和親条約が結ばれ英語圏の文化流入が本格化してきた時、英語教育の必要性を痛感したのでしょう。

三月には、桜田門外の変が起こりました。大老として徳川家定に抜擢された井伊直弼《なおすけ》が殺害されたのです。井伊は幕府の権威が朝廷の下にあるような情勢はまちがっていると考えていた政治家です。開国派である井伊は一八五八（安政五）年に日米修好通商条約調印を公示した人物でもあります。しかも、尊王攘《そんのうじょう》夷《い》派を粛清する挙にも出ました。安政の大獄です。当然、反対派からは命を狙われていました。

幕末維新の世、日本が新しい国家として産みの苦しみをしているただ中に、愛する我が子を失うという個人的悲しみを内に秘めながらフルベッキは日本のためにいったい何ができるのかを模索し続けていました。一八六〇（安政七）年という年を迎えたフルベッキの前には、先が見えない混とんとした闇のような状況だけが広がっていたのかも知れません。

オランダ語が話せる青年

フルベッキの本名は、ギドー・ヘルマン・フリードリン・ヴァベーク。米国に移住してヴァベックと改名しました。日本ではオランダ語音によってフルベッキと呼ばれています。

一八三〇年、オランダの裕福な商人の家に生まれたフルベッキはモラビアン派の学校に学び、外国にキリストの福音を伝えるスピリットをそこで学びました。モラビアン派はヨーロッパでは少数派の信仰共同体に属するのですが、聖書の真理に堅く立ち魂の回心を重んじていた宗派です。その信仰姿勢は、ジョン・ウエスレーなどキリスト教の歴史的人物にも大きな影響を与えたと言われます。

また、当時、中国で伝道していた宣教師ギュツラフがオランダに来た時に行ったその熱烈な説教は少年フルベッキの心をとらえました。

フルベッキが生まれた年は、ヨーロッパに初めて鉄道が敷設された年で、彼は、ユトレヒトの工学校に学び、卒業後、鉄道建設に従事すべく二十二歳でアメリカに渡りました。一八五三年には、アーカンソー州ヘレナの架橋工事の技師として招聘《しょうへい》されますが激務と猛暑のため病に倒れます。この最も弱いと思える時に人生の転機がやって来ました。

病床で、少年時代にギュツラフから聞いた「汝、すべてを神に委ねて外国伝道に献身せよ」という言葉がよみがえって来たのです。その時、フルベッキはこう祈ったそうです。「もし、病気が直って再び立つことができたなら、私は生涯を外国伝道のために捧げます」。

一般的にアメリカの教会は十九世紀後半にはアジアの各地、特に、中国へ多くの宣教師を送っていました。フルベッキがオーバン神学校を卒業して将来を模索していた時、アメリカにあるオランダ改革派教会が日本への宣教師を初めて募集していることを知りました。彼は、すぐに応募します。そして、その時に選ばれたのが、ブラウン、シモンズ、そしてフルベッキでした。勝海舟をはじめ当時の日本の賢人たちは蘭学に通じていました。ですからオランダ語も話せるフルベッキは当時の日本で働くには特に貴重な人材だったと言えましょう。

キリスト教の伝道だけでなく、近代日本建設に深くかかわったフルベッキ（写真提供：明治学院歴史資料館）

大隈重信との出会い

商人の家に生まれながら、どちらかと言うとフルベッキには実務家としての素養が欠けていたと言われています。後の、明治政府の顧問として活躍した彼の姿は、来日当時には想像もできなかったようです。

彼のクリスチャンとしての本音は、おそらく、日本人に一人でも多く聖書の真理のすばらしさを伝えたいという素朴な思いだったはずです。

ところが、鎖国時代にも外の世界との交流もあり唯一情報が入って来ていた長崎に赴任したことで、彼の人生は思いもかけない方向に飛躍していきます。彼自身も想像だにしなかったことですが、幕末維新の志士たちとの劇的な出会いが待っていたのです。もしフルベッキが長崎に行かなかったとしたら、早稲田大学を創設した大隈重信との出会いもなかったでしょう。「大隈重信がフルベッキに出会わなかったら早稲田大学もできなかった」と言われる所以《ゆえん》です。

彼は「自分はキリスト教の宣教師である」という強い自覚をもって日本にやって来ました。一八五九(安政六)年、幕府は、長崎、横浜、函館三港の開港を決めたため制限付きながらアメリカからのお客を迎え入れるようになりました。もちろん、幕府の思惑《おもわく》は、外国の文化や技術を紹介してくれる日本に役立つ人材を求めていたのです。そこに、フルベッキの苦悩がありました。人の魂の救済にかかわる宣教師としての働きが禁じられている国で、いかに生きたらいいのだろうか、と。

〈一八五七年、日本がまだ条約を結んでいない時、浦上村の多くの村民がキリスト教信仰を守っていることを日本政府に知られ捕えられて牢に入れられた。牢の中で彼らが味わわされた苦しみは言語に絶し大多数が牢死した。子どもたちは飢えるにまかされた。二、三年後、この残酷な扱いに耐えて生き延びた人々は、以後、キリスト教を信仰してはならぬという警告付きで長崎奉行より釈放された。しかし、それまで

に受けた苦しみで一層勇敢になった彼らは生まれ故郷に帰るとすぐに信仰を続けたばかりか友人や隣人を入信させようと努めた〉

（一八七〇年三月一日号・ノース・チャイナ・ヘラルド紙）

これはフルベッキが長崎に赴任した二年ほど前の日本の状況です。ノース・チャイナ・ヘラルド紙は上海で発行されていた英国系の新聞で日本にいる宣教師たちも目を通す機会があったと考えられます。

実は、キリスト教禁止条例とも言える「キリシタン禁制」の高札《こうさつ》は、明治になっても、日本のあちこちに、東京なら日本橋のたもとや泉岳《せんがく》寺の門前などに、誰の目にも入るように掲げられていました。

「キリシタン宗門の儀は、これまでの制禁を守るべきこと。邪宗は厳禁する」

明治元年四月　太政官

太政官によって出された切支丹禁制の高札。元号が明治に変わる直前の慶応年間に出されていることから、明治政府は早い段階から切支丹復活を警戒していたようだ（写真提供：青山学院資料センター）

一八六〇年代は特にキリシタンへの迫害は激しくなっており、ようやくそれが解除されるのが一八七三（明治六）年二月のことでした。

ということは、フルベッキなどアメリカから来たキリスト教の宣教師たちは、一八五九（安政六）年から十四年余りは、宣教師としての働きを禁じられていたことになります。ですから、表向きは、フルベッキのように英語教師として、あるいは横浜にいたヘボン博士のように医師として幕末維新の日本に貢献したのです。もちろん、彼らは、本来の目的を忘れたわけではありません。キリスト教が禁じられている状況のなかでも何とか聖書の真理を伝えようと涙ぐましい努力をしていました。また、それに呼応して、道を求める日本人はいましたし、不思議な聖書との出会いもあったのです。しかし、それは例外的で危険をともなうことでもありました。

藩士に聖書を教える

長崎に着いたフルベッキは英語教習所の教師として働きます。一八六三（文久三）年には、長崎奉行所管轄の英学所であった済美館《せいび》の教師に招聘され、次いで一八六六（慶応二）年には、佐賀藩が長崎に設けた藩校の一つで英語伝習所である致遠館の教師にも選ばれました。特にこの学校は、先にもふれたように大隈重信、副島種臣が中心になって同志を集め創立された学校で、フルベッキは、ここで、英語の他に、新約聖書、万国公法、科学、数学なども教えました。

当時はキリシタン禁制の世です。聖書を教えても大丈夫だったのかと疑問を持たれるかも知れません。しかし、佐賀藩の場合、藩主鍋島直大《なおひろ》が西洋文化の擁護者であり世界に大きく開かれた心の持ち主だったということもあり聖書の学びは不問に付されたようです。後に藩主自身が聖書を求めフルベッキは漢語聖書を贈っています。

ここで、注目されるのは、この致遠館には、佐賀藩士のみならず、薩摩（鹿児島）、長州（山口）、土佐（高知）、肥後（熊本）といった各藩の志士たちも集まっていたという事実です。そこから、「謎のフルベッキ写真」の伝説も生まれたと考えられます。薩摩の西郷隆盛、土佐の坂本龍馬がフルベッキに会っていてもおかしくない状況だったのです。残念ながら、西郷も龍馬もフルベッキについて言及してはいません。また、フルベッキもその書簡集で二人についてはふれていません。

ただ、最近、西郷隆盛が聖書を熱心に読み人々にそれを教えていたのではという興味ある説も出てきました。二〇〇八（平成二十）年の暮れに鹿児島市上竜尾町にある西郷南洲顕彰館で開かれた「敬天愛人と聖書展」で

駆け足人物伝

西郷 隆盛（一八二八～一八七七）

鹿児島城下で御勘定方小頭の西郷九郎隆盛の第一子として生まれる。薩摩藩の下級武士であったが、藩主島津斉彬《なりあきら》の目にとまり登用されるが斉彬の死後、奄美《あまみ》大島に流された。新藩主の代になっても藩主の実父久光と折り合いがつかず、再び、沖永良部《おきのえらぶ》島に流罪、大久保利通《としみち》の後押しで復帰、一八六四（元治元）年の禁門の変以降に活躍、薩長同盟の成立や、王政復古を成功に導いた。そ

は、これまでキリスト教との関係が知られることのなかった西郷隆盛が、実は、聖書をよく読みそれを人に教えていた、という証言が紹介されました。同展覧会では西郷隆盛が読んでいたものと同じとされる香港英華書院刊の新約聖書が展示されました。

二〇〇八年十二月八日の南日本新聞によると西郷南洲顕彰館館長の高柳毅氏は、側近に漢訳聖書を貸し与えたとの記述があることから、西郷が聖書を入手し読んでいたのは確実と述べています。

そういえば、西郷が説いた「敬天愛人」という言葉にも背景に聖書の影響があったと考えられており、新約聖書マタイの福音書五章四三から四五節が「敬天愛人」の出典箇所とも言われています。

「『自分の隣人を愛し、自分の敵を憎め』と言われたのを、あなたがたは聞いています。しかし、わたしはあなたがたに言います。自分の敵を愛し、迫害する者のために祈りなさい。それでこそ、天におられるあなたがたの父の子どもになれるのです。天の父は、悪い人にも良い人にも太陽を上らせ、正しい人にも正しくない人にも雨を降らせてくださるからです」。

（マタイの福音書五章四三〜四五節）

の後、薩摩へ帰郷するも、一八七一（明治四）年に参議として新政府に復帰、岩倉具視《ともみ》欧米使節団の留守の政府を大隈重信らと共に主導した。朝鮮との国交回復問題では朝鮮開国を勧める遣韓使節として自らが朝鮮へ赴くことを提案するも帰国した大久保利通らと対立、一八七三（明治六）年の政変で板垣退助らと共に下野。一八七七（明治十）年、私学校生徒の暴動から起こった西南戦争の指導者となり、戦いに敗れて鹿児島・城山で自刃した。

西郷隆盛が遺した言葉を集めた『南洲翁遺訓《なんしゅうおういくん》』（渡部昇一著『南州翁遺訓を読む』致知出版社）には次のような言葉もあります。

「人を相手にせず、天を相手にせよ。天を相手にして、己を尽くして人をとがめず、わが誠の足らざるを尋ぬべし」

「道は天地自然のものにして、人はこれを行うものなれば、天を敬するを目的とす。天は人も我も同一に愛し給うゆえ、我を愛する心を以て人を愛する也」

ここに出てくる「天」という言葉については様々な議論があるようです。西郷が、キリスト教徒の思想家中村正直《まさなお》の『西国立志編』を読んで「敬天愛人」という言葉を知ったことや、福沢諭吉の『文明論之概略』に大きく影響を受けたことから考えると、この天は、聖書に出てくる神を表すものと考えるのが自然ではないかと言われています。

福沢自身、これは、のちに触れることですが、聖書に少なからず影響を受けた教育家であり、その著作の中で、アメリカ建国の精神として「神を

駆け足人物伝

中村 正直（一八三二〜一八九一）

思想家。江戸麻布狸穴に生まれる。昌平黌《しょうへいこう》に学び朱子学を修めた。一八六六（慶応二）年に英国ロンドンに留学、現地で道徳が実現されているのを見て、その根底にあるキリスト教への関心を深めた。一八六八（明治元）年、帰国し静岡に移転、ここで、スマイルズの『Self Help』の翻訳『西国立志編』を出版して青年に大きな影響を与えた。一八七二（明治五）年、

敬い人を愛する」点を的確に把握しているのです。

ちなみに、『南洲翁遺訓』を編さんした庄内藩有志は、幕末に薩摩藩江戸屋敷を焼き討ちしたことで明治の世になり処罰を受けるはずでした。しかし、西郷の寛大な措置で罰を免れた武士たちだったのです。敵を許した西郷の生きざまに感動した人々がこの遺訓をまとめたのです。

東京に移り、大蔵省翻訳局に出向、翌年、明六社の創立に参画、一八七四（明治七）年にキリスト教の洗礼を受けた。晩年まで女子教育や障がい者教育に尽力。東京大学教授、元老院議官、貴族院議員などを歴任。

聖書という未知の書物

ここで、西郷隆盛が読んでいたのが漢訳聖書だったというところに注目して下さい。フルベッキが来日したころの日本には日本語で読める聖書はありませんでした。ですから、幕末維新の武士たちが、最初に手にしたのは中国（当時は清の時代）の上海から渡来した漢訳聖書か、フルベッキら宣教師が持ってきた英語の聖書ということになります。

ところがこれにも例外がありました。英語の聖書が最初に日本に渡来したのはいつであったかは不明ですが、記録に残っているものとしては奇跡ともいえる次のような物語があります。

時は、一八五四（安政元）年、三月には日米和親条約が締結され、それに遅れを取るまいと、十月には日英和親条約が締結されました。アメリカ艦隊は浦賀に来航しましたが、スターリング提督率いる英国東

漢学の素養があった武士たちは、和訳の聖書が普及する以前から、中国向けに造られた漢訳聖書に訓点を付けた版を使っていた。写真は、『新約聖書四福音書・訓点付』（1878年・明治11年、横浜・米国聖書会社発行）。日本聖書協会・聖書図書館所蔵

洋艦隊は九月に長崎に来港、その時、長崎の港は大混乱に陥りました。

当時、長崎の出島は、鎖国をしていた徳川幕府が唯一、外国との交流を認めていた場所でしたが、英国の船が開国を正式に迫った出来事は、日本側としても重大な外交問題として対応しなければなりませんでした。

この重大時に、英国側との交渉に当たった役人は江戸幕府の許可を得た長崎奉行、水野忠徳《ただのり》および永井尚志《なおゆき》でしたが、佐賀藩家老・村田若狭守《わかさのかみ》政矩《まさのり》もちょうどこの時に長崎に赴任していたのです。

ある日、家臣の古川礼之助が長崎湾の波間に漂う小さな包みを見つけ、それを拾い上げたところ、中から出てきたのはどうも外国の書物のようです。それを受け取った若狭守は、オランダ語通訳に尋ねたところ、それが英語の聖書であることが分かりました。そこで、英語が読めない若狭守は、わざわざ上海から漢文の聖書を取りよせ何とかその内容を知ろうとします。

しかし、聖書を解き明かし教えてくれる人は誰もいません。聖書という不思議な書物の意味を知ろうと若狭守は格闘します。

一八六二（文久二）年、若狭守は長崎でフルベッキという宣教師が活動していることを知り、弟の綾部三左衛門を始め三人の佐賀藩の人材を長崎に送り込みます。おそらく若狭守自身がフルベッキに直接教えを乞いに行きたかったにちがいありません。しかし、家老という立場上、それは不可能でした。

長崎に着いた彼らはフルベッキに「聖書を教えてほしい」と懇願します。それを聞いたフルベッキの喜びはどんなに大きかったか分かりません。日本人に聖書の真理を伝えたい、というのが彼の来日の最大の目的でした。

聖書の学びは英訳聖書、オランダ語聖書、それに二種類の漢訳聖書をテキストに行われました。当時、英語の知識も十分でない佐賀藩の青年たちに英語教育も兼ねていたのでしょう。そして、青年たちの約四年間にわたる研修期間を経て、村田若狭守政矩がフルベッキに遂に出会うのは一八六六（慶応二）年のことでした。

佐賀藩家老の回心

その年の五月十四日、若狭守がフルベッキに会った時、こう語ったといわれています。「私は長い間、心の中であなたを知り、語りあえるのを夢見ていた。神の摂理により、今日、実現したのは大変に幸せなことである」（『創立百周年記念 佐賀教会史』）。

また、聖書を読んだ時の印象をこう語っています。「私が初めて、イエス・キリストの品性と事業を読んだ時の感激は言葉に表せない。かくの如き人物を見たことも聞いたことも想像したこともなかった。彼の品性と生きざまに私の心は虜になった」（同右）。

若狭守がフルベッキに申し出て、弟の綾部とともにキリスト教の洗礼を受けたのは、五月二十日、日曜日の夕方のことでした。当時は、キリシタン禁制の時代です。家老がキリスト教に入信したとなると相当の刑罰を覚悟しなければなりません。若狭守は、藩主に自分の回心について報告をしたようですが、開明派で外国の文化にも理解を示していた藩主鍋島直大《なおひろ》は、村田政矩が家老職を退き引退するという形を取ることで事を治めました。

その後、村田政矩は、佐賀郡久保田村の自分の屋敷に帰って、集会は同村嘉瀬橋河畔の農家の納屋を借りて行い、聖書の真理を家臣や親族に広げることに後半生を捧げました。彼は、聖書の和訳にも取り組んでいます。

村田政矩は、キリシタン禁制が解ける前年の一八七二（明治五）年にこの世を去りました。佐賀の信仰者の群れのことをいつも気にかけていたフルベッキは、宣教師仲間のスタウトや、伝道者瀬川浅らを現地に派遣し、一八八〇（明治十三）年には、佐賀で最初のプロテスタント教会・辻堂聖書講義所が開設されました。これが、現在、佐賀市与賀町三一にある日本基督教団佐賀教会です。

第二章・坂本龍馬を斬った男

今井信郎

幕末に活躍した志士の中で最も人気が高い人物と言えば土佐藩の坂本龍馬《りょうま》ということになるでしょうか。司馬遼太郎の傑作『竜馬がゆく』の影響も大きく、乱世に、維新の大輪の花を咲かせようと三十三歳で散っていったその豪放磊落《らいらく》な生涯は、閉塞感にとらわれた現代だからこそ、人々のあこがれの対象となるのかも知れません。

先に紹介した「謎のフルベッキ写真」には、いかにも若き日の龍馬らしき人物が画面に向かって最前列の右から三番目に写っています。しかし、これが龍馬だと証明できる資料が、まだないだけにこれ以上の詮索は控えたいと思います。

ただ、龍馬と関係のあった人物のなかには、聖書との不思議な出会いにより人生の変革を体験した人々がいました。その一人が龍馬を斬った男と言われている今井信郎《のぶお》です。

今井信郎という名前を聞いたことがあるでしょうか。彼は京都見回り組の隊員で剣の達人としても知られていました。幕末維新の歴史上、彼が脚光を浴びたのは、坂本龍馬暗殺の真犯人として浮上したからです。龍馬暗殺に関してはその真犯人と動機については諸説あったことは確かです。ところが、一九〇〇（明治三十三）年に、『近畿評論』という雑誌に載った記事で、一般にも、坂本龍馬を斬った男として今井

今井信郎
坂本龍馬を斬った男は、後にクリスチャンとなり、静岡県の初倉村（現在は島田市の一部）の村長として地域の発展に尽力した。
写真：今井晴彦氏所蔵

信郎の名が知られるようになりました。ただし、記事そのものにはかなりの脚色があり、詳細には誤りがあると言われています。

一八六七（慶応三）年十一月十五日の夜、事件は起こりました。京都にいた坂本龍馬ら倒幕派の武士たちの隠れ家となっていた近江《おうみ》屋という醤油販売店を、午後九時ごろ、突然、京都見回り組の七人が急襲したのです。そのうち今井信郎ら三人が二階に駆け上がり密談をしていた龍馬と中岡慎太郎に切りかかり、二人は今井らの刃に倒れ絶命します。

当時、京都見回り組は、新撰組と同じように、徳川幕府の体制を守るために京都の治安にあたっていました。もっとも、幕臣だけがなれる見回り組に対し新撰組はと言えば志ある者ならば身分を問わず誰でも入隊できましたから、見回り組の方は相当プライドが高かったようです。

今井信郎は、この年の五月に、江戸で見回り組に入り十月には京都に向っていますから、入隊半年で倒幕派粛清の任務を受けたことになります。

西郷に助けられた暗殺者

龍馬暗殺という野望を遂げた今井信郎は、一時、闇に紛れて生き延びま

駆け足人物伝

坂本 龍馬（一八三五〜一八六七）

大政奉還にも尽力した幕末の政治家、実業家。土佐（高知県）高知市上町に生まれる。一八五三（嘉永六）年、剣術修行のため江戸に出て、北辰一刀流剣術開祖の千葉周作の弟が開いていた道場に入門。同時に佐久間象山の私塾にも通った。一八五八（安政五）年、北辰一刀流免許皆伝。（若き日の新島襄も千葉周作道場に通っていたという説も ☞

す。その後、幕府軍が鳥羽伏見の戦いで崩壊後も、自ら隊を組織して徹底抗戦を叫んで各地を転戦、やがて、榎本武揚《たけあき》率いる反乱軍に合流、函館五稜郭にこもって戦いますが、軍事力に勝る新政府軍に敗退、明治二年十一月には江戸に護送され厳しい取り調べを受けています。

ここで登場するのが西郷隆盛です。隆盛は龍馬が結婚した時の仲人をつとめるほどに龍馬に近かった人物ですが、この、龍馬暗殺にかかわったと自白した青年の命を奪うのは惜しいと、敵である今井の助命嘆願に動き、それで今井は一命を取り留めたと言われています。そのことを信郎は終世恩義に感じ、明治十年の西南戦争の時には西郷軍に入ろうとさえしています。

西郷の助言もあって処刑は免れ、判決後一年余りで、政府の大赦によって放免され、後に静岡県牧の原に流されて行きました。

当時、静岡は、敗退した幕府直属の武士たちが謹慎生活を余儀なくされた地であり、彼らの多くは大井川南方の牧の原で開墾活動を行っていました。没落武士のなれの果てです。今井自身、一八七二（明治五）年に、ようやく釈免され、一八七八（明治十一）年には初倉村に入植します。

☞ある）。一八六二（文久二）年、土佐藩を脱藩し、開明派の勝海舟と面会して弟子となる。一八六三（文久三）年、勝海舟が進める神戸海軍操練所の設立に尽力、神戸海軍塾の塾頭を勤める。後、海軍塾は幕府から弾圧され、勝は解任、行き場を失った龍馬は、勝に紹介された西郷隆盛に保護され薩長同盟運動に加わる。一八六六（慶応二）年、龍馬の斡旋によって京都で長州の桂小五郎、薩摩の西郷隆盛が会見、薩長同盟が結ばれる。一八六七ここから、信郎の第二の人生が始まるのですが、賊軍とは言え、元・幕臣の身、村人たちからは「殿様」と一目置かれ、今井も地元の農業発展に指導者として寄与したようです。

ところで、静岡県でキリスト教の活動が始まったのは、一八七一年（明治四年）に、アメリカのクリスチャン教師エドワード・クラークが静岡学問所教師として赴任してからだと言われています。たいへん興味深いことに、このクラーク赴任にはあの勝海舟がからんでいるのです。当時、日本に滞在していた宣教師グリフィスに海舟が、誰か静岡学問所の教師にふさわしい人物を紹介してほしいと依頼したことから話は始まりました。そこで、グリフィスは、ラトガース大学で同窓のクラークを推薦したのです。

当時は、まだキリシタン禁制の時代です。契約書の中には、キリスト教を禁ずる一項がありましたが、あのフルベッキと交友のあった岩倉具視《ともみ》や、この年に「耶《や》蘇《そ》教《きょう》黙許《もっきょ》意見」を公にした勝海舟らの計らいでそれは不問にされ、クラークは、倫理、歴史、英語、物理、化学、数学などを教え、日曜には自宅に生徒を招いてバイブルクラスを開いています。

ちなみに、静岡での働きに続いて、東京の開成学校の教師としても働いた後、アメリカに帰国することになるクラークは、一八九四（明治二十七）年に再来日、その際、旧知の勝海舟に幕府興亡の由来を問うたことが、勝海舟が『幕末始末』を執筆するきっかけとなったと言われています。

（慶応三）年、京都の醤油店の近江屋で中岡慎太郎と共に暗殺される。一八七一（明治四）年、龍馬の系統が途絶えるのを防ごうと龍馬の姉・千鶴の長男・（坂本）直が名跡を継いだ。

後に、クラークはアメリカで、勝海舟の伝記を書いています。その中で、彼をドイツの名宰相といわれたビスマルクになぞらえ「キリスト者ではなかったが、彼以上にナザレ人イエスの人格を備えた人物を見たことがない」と海舟の人格を高く評価しています。

さて、クラークが東京に転勤したため、その後任として、一八七四（明治七）年に静岡学問所「賤機舎《しずはたしゃ》」に赴任したのがカナダ・メソジスト教会派遣の宣教師D・マクドナルドでした。

このころの日本はと言えば、すでに廃藩置県が実施され、いわゆるちょんまげや帯刀も禁止、暦は太陽暦を用いるようになり、仇討も犯罪とされていました。この急激な変化に明治の世は治まるどころか各地で小反乱が起こっていました。また、この年は国家の重臣・岩倉具視がテロに襲われ、三年後には西南戦争が勃発します。

そんな、激動期のなかで、マクドナルドは、「賤機舎」の学生たちに聖書を講義、その結果、この年だけでも十一人の若者がキリスト教信仰を表明しています。そのほとんどが幕臣の子弟であり、翌年には、生まれたばかりの信徒が中心になって静岡最初のキリスト教会が誕生しました。これが、今も西草深町にある日本基督教団・静岡教会です。

宣教師を斬るべし！

このキリスト教の浸透をにがにがしく思っていたのは今井信郎のような旧・幕臣たちでした。息子たちは教育の場での宣教師との出会いが信仰へとつながっていくのですが、その父親たちはと言えば、徳川幕府への忠義を捨て切れず、その幕府が禁止していたキリスト教を受け入れることなど到底できません。「宣教師を斬るべし」。今井はその斬り込み隊長に選ばれました。坂本龍馬を斬った信郎にとって、宣教師一人を斬ることなぞ容易なことです。しかし、ここで、今井は立ち止まります。斬る前に、一度くらいその教典である「聖書」とやらを読んでみて、それからでも遅くはないと考えたのです。

ところが、その聖書を開いてみると子どもだましのつまらない内容ではないか、こんなもののためにわざわざ刀を汚すほどのこともない、と信郎は宣教師暗殺をとどまります。信郎は、この時、聖書の内容が全く理解できなかったのです。

そのころ、幕臣が入植した牧の原一帯では茶の栽培が盛んでした。静岡は全国でも有数のお茶の産地として知られていますが、元はと言えば、没落武士たちによって茶の栽培が始まったのです。

ある日、茶の取引のため横浜へと出かけた信郎は、海岸そばのキリスト教会（現在の横浜海岸教会）の前を通ります。「これがヤソの教会なのか」。攻撃の材料を得るために教会に入った今井は、たぶん、礼拝が行われていたのでしょう、日本人牧師の語る説教に驚がくします。まさにそれは、武士たる者にも正理正道の教えに聞こえたのです。邪教と思っていたキリスト教に、こんなに深い真理があったのか、我ながら不覚であったとざんきの念強く、信郎は静岡に帰るや否やキリスト教会を訪ねました。

こんどこそ、批判するために聖書を読むのでなく道を求める思いで熱心に聖書の真理を学んだ信郎は、遂に信仰を告白しマクドナルド宣教師の協力者でもあった平岩宣保牧師から洗礼を受けます。この今井信郎の入信の次第については、『海舟座談』〈岩波文庫・付録その一〉の第七話「東照宮の木像」に出てくる津田仙の談話が残っています。津田仙は勝海舟と交友があり、今井信郎も津田を通して勝海舟と交友がありました。

没落武士にとって、新しい時代を生きる人生の指針と心のよりどころが欲しかったはずです。信郎とて例外ではありませんでした。信郎は、天皇およびそれを中心とする新政府を尊敬することも信頼することもできませんでした。同時に、忠誠を誓った徳川家はもはや生ける屍《しかばね》に過ぎません。その点、キリスト教は、唯一の神と個人との直接的契約の宗教です。それは、日本古来のぼんやりとして得体の知れない教えに比べ、実にはっきりとした真理なのです。

天地万物を創造した神が、キリストを通して、すべての人生の問題を解決してくれるという聖書の教えは信郎の心をとらえました。武士の時代には藩主に命がけで忠誠を尽くして来ました。しかし、今度は「わたしが道であり真理であり命なのです」と言われたキリストに人生のすべてを賭けようと決心します。

信郎がクリスチャンとなった時、その性格は柔和、人を見下す立場から人に仕える立場へと変わり、かつて全身にみなぎっていた殺気は消え、人を人とも思わぬ傲慢さのかけらもなかったと言われています。以後、今井信郎は開拓に農業指導に、また、自らも肥え桶を担ぐ野良仕事に専念、明治三十九年には初倉村村長に就任しています。

三年後にはその職を退き、大正五年、脳卒中に倒れ二年間の病床生活の後、大正七年にその波乱の生涯を閉じました。

結城無二三の数奇な人生

さて、京都見回り組の今井信郎の生きざまを語るなら、同じ京都見回り組に属し後に新撰組に移ったとされる結城無二三《ゆうきむにぞう》の生涯にも触れないわけにはいきません。江戸にいたころに今井は講武所で無二三に剣術を教えていたことがありました。その旧知の二人は、没落後、静岡の地で再会しますが、それぞれキリスト教にふれた経緯はちがいます。

結城無二三は、若き日の名前を有無之助、甲州日川村（現山梨市）の出身です。父親は地元の名医と知られていたようで有無之助も医者を目指し一八六〇（万延元）年、桜田門外の変が起こった年に江戸へと旅立っています。ところが、激化する尊王攘夷の動きに野心を抑えきれず御典医の元を脱走、一八六四（元治元）年には京都見回り組に加わりました。そのころ、結成間もない新撰組の近藤勇《いさみ》とも交友があったと言われています。

結局、二年後には見回り組を脱退し新撰組に入隊、幕府軍と行動を共にしますが、一八六八（慶応四）年一月、鳥羽伏見の戦いに敗れて大宮まで脱走、地元の博徒のもとに身を隠します。ところが聞こえて来るのは悲報ばかり。江戸城明け渡し、最後の将軍徳川慶喜の蟄居《ちっきょ》、近藤勇の処刑など、江戸幕府が音をたてて崩壊していく様に、無二三は絶望し自決を図りますが未遂に終わります。

今井信郎と同じように、没落武士となった結城無二三は、一八七二（明治五）年には郷里に帰り翌年には魚屋を開業します。ところが、これがうまくいかず廃業、今度は夫婦で酪農を始め牛乳の生産・販売をしたりもするのですが、そこは武士の商法の悲しさ、事業はことごとく失敗します。

時は明治十年、西南戦争が勃発し世の中は騒然としているころですが、無二三自身は生きることに疲れ山奥にある廃寺へと隠遁《いんとん》します。この時、いくつかの書籍に交じって聖書を持ち込んだことが後の人生の転機につながっていくのです。

一八七八（明治十一）年、長男の禮一郎誕生、ある日、夫婦揃って病床に伏している時でした。泣き叫ぶ赤ん坊の姿を見て聖書に出てくるエホバの神のことを思い出し、まだよくは知らないその神に向って慟《どう》哭《こく》の祈りを捧げます。ところが、不思議にも二人の病いは快方に向かったのです。その体験はキリスト教へ心が向くきっかけとなりました。

翌年、山梨にキリスト教の宣教師が来た事を知った無二三は山を下り、カナダから来たイビー宣教師に会い教えを乞います。

当時、イビーは、山梨県下で精力的な伝道をしていました。始めに宿泊所としてあてがわれたのが日蓮宗の寺で、そこを会場に聖書の講義を続けていました。ヤソぎらいの人々からのいやがらせもあったようです。イビーは山梨にあった蒙軒《もうけん》学舎という私塾の英語教師として招かれたのですが、彼にとっては、聖書の真理を伝えることが第一の使命でしたから、無二三が、聖書の教えを乞いに来た時の喜びは測り知れません。

その年の四月六日、妻と長男を伴ってイビー宣教師のもとを再び訪れた無二三は、家族共々キリスト教の洗礼を受けています。

後に、明治のキリスト教会で伝道師、牧師として活躍した結城無二三ですが、今井信郎は江戸にあった講武所の剣術師範代を務めていたころに教えた無二三について、こんな印象を語っています。

「実際、結城さんは不思議な人だった。竹刀を持たせて立ち会ってみるとカラ駄目だが、いざ、真剣となると私たちよりずっと勝れた腕前を見せる。それで、私も一時は、剣術なんて馬鹿馬鹿しいものだ、苦労してやるものではないと思ったくらいだ」（結城禮一郎著『旧幕新撰組の結城無二三』中公文庫）

第三章・自由民権運動の嵐の中で

坂本直寛

一八六七（慶応三）年、坂本龍馬が、京都の近江屋で暗殺された時、おいの坂本直寛《なおひろ》は十四歳の若者でした。多感な時期、直寛にとって、日本の開化の牽引役を務めた叔父龍馬の死は相当な痛手だったと思われます。龍馬の実姉千鶴が直寛の母親にあたります。

直寛十七歳の時、龍馬の兄にあたる伯父の坂本権平の養子になり坂本姓を名乗り、十九歳の時には、直寛の実兄である、当時三十歳の直《なお》が龍馬の名跡を継いでいますから、いかに、直寛にとって、龍馬の存在が大きかったかが推測されます。彼もまた、龍馬がそうであったように新しい日本を建て上げるためにその青春の火を燃やします。

明治十年代、土佐（高知県）の自由民権運動は板垣退助らが設立した立志社が母体となりましたが、直寛は、同社の若手運動家として、政治運動の理論と組織面を担っていました。彼の言論活動は、主に、「土陽《どよう》新聞」や「高知新聞」などに政治論説を寄稿して、明治政府の専制政治を批判、初期の自由民権運動を熱く指導したのです。

また、一八八〇（明治十三）年、同志の小島稔とともに、婦人参政権運動を展開し、土佐の上町という限られた地域においてではありましたが、世界最初の婦人参政権を高知県令に承認させたのです。この婦人差別の撤廃というスピリットは、後に、北海道における旭川遊郭廃止運動や婦人矯風会員の指導にも生

壮年時代の坂本直寛（土居晴夫著『坂本直寛の生涯』<リーブル出版>より）

かされたと言われています。

日本憲法見込案

立志社における直寛の言論活動のなかで、歴史的評価をされているのは、「日本憲法見込案」の起草に参加したことでしょう。彼が起草に参加した「日本憲法見込案」は実に進歩的で、国会の権利を内閣より強くしたことや、国民の基本的人権、たとえば、悪しき政府に対する抵抗権や、制限付きでない信教の自由の権利などを明示した点は、今日でも、高く評価されています。また、政党におけるセクト主義や官僚主義の弊害をいち早く問題にしたのは直寛でした。その官僚主義批判の精神は、北海道における後半生でも衰えを見せませんでした。

しかし、直寛らが指導した自由民権運動は一八八二（明治十五）年をピークにあいつぐ政府の弾圧や懐柔によってその輝きを失っていきます。そうした状況の中で、自由民権運動と新しく海外から入って来たキリスト教がその距離を縮めていくのです。ここに坂本龍馬との関連で、たいへん興味深い物語があります。

駆け足人物伝

板垣　退助
（一八三七〜一九一九）

土佐（高知県）生まれ、明治期の政治家。高知藩主山内豊信の側用人を務めるが、土佐藩が進めた公武合体路線を受け入れられず倒幕派と連携し戊辰戦争で戦った。明治維新後、高知藩の大参事となり藩政改革を行う。一八七一（明治四）年には廃藩置県を断行、参議となり、岩倉欧米使節団派遣の留守政治をあずかるが征韓論が入れられず一

立志社は、すでに一八七五（明治八）年、ロシア正教会が支援した日本ハリスト正教会（以下、日本正教会）の信徒だった沢辺琢磨《さわべたくま》を九反田にあった立志社に招いて耶蘇教演説会を開いています（この会には直寛も出席）。沢辺琢磨は幼名を数馬といい、坂本龍馬の父方の親戚にあたります。一八五七（安政四）年、沢辺が江戸である事件を起こした時、死罪を免れないところを龍馬に助けられ、遠く函館まで逃げたという経緯がありました。

やがて、沢辺はそこでロシア正教のニコライ司教に出会い、神官の職を棄てキリスト教に入信します。もっとも、二人の出会いは、ニコライ暗殺を企てた沢辺が、ニコライの高潔な人格にふれ、逆に、回心するという実に不思議な経過をたどったものでした。なお、あとで登場する新島襄が一八六四（元治元）年、函館を脱出する時に沢辺琢磨はその脱出を助けた友人の一人として登場します。

☞八七三（明治六）年に下野、翌年、共に下野した後藤象二郎らと民撰議院設立建白書を政府に提出、愛国公党や立志社を設立。自由民権運動の先頭に立つ。後に、第二次伊藤博文内閣、第一次大隈内閣の内相を務めた。

このように、立志社とキリスト教との接点は、始めはロシア正教会だったわけですが、明治十一年に、高知で開かれた立志社のキリスト教講演会には、講師として、アメリカ人宣教師アッキンソンが招かれています。その後も、ナックスやタムソン、それにフルベッキと言ったプロテスタント教会のアメリカ人宣教師が高知を次々と訪れ、これを機会に、直寛や片岡健吉らの民権運動家はキリスト教に接近していくのです。坂本直寛はその自伝の中で、自らのキリスト教の印象を次のように書いています。

「板垣退助伯が欧州視察を終えて帰国し、キリスト教が文明諸国において勢力を占めているという話を聞き、キリスト教を我が国で広めることは外交政策上もっとも都合が良いだろうと思うようになったが、それでも自分自身がキリスト教を信仰する気持ちはどうしても起きなかった」（土居晴夫編『坂本直寛自伝』燦葉出版社）

武士の信義に生きる

その直寛が、キリスト教の洗礼を受けたのは一八八五（明治十八）年五月十五日のことでした。高知講義所で行われた洗礼式では、のちに衆議院議長となる片岡健吉も信仰告白をしています。

直寛にどんな心境の変化があったのでしょうか。初めは、フルベッキら宣教師との交友から始まりましたが、宣教師の立場から言えば、直寛の回心は最大目標の一つだったと考えられます。それだけに、宣教師ナックスなどは、三日三晩にわたり、キリスト教の真髄を情熱を込めて直寛に語りました。

「神は、そのひとり子であるキリストをこの世に遣わされた。それは、キリストを救い主と信じる者が、滅びることなく永遠のいのちを得るためである」

（『新約聖書』ヨハネの福音書三章一六節参照）

たぶん、この聖書の真理をどう受け止めたらよいか直寛は逡巡したはずです。風雨の強い夜など、宣教師の家に行くのがいやになることもありました。しかし、外国人と約束しながら、それをすっぽかしたら、日本人の信用にかかわるというわけです。信義を重んじる武士の血が直寛には流れていました。その忍耐と努力が次第にキリストへと近づけて行ったのです。しかし、直寛は言います。

「当時を回顧すれば、私が洗礼を受けたのはおかしなものであった。信仰心は実に薄弱で、人前では祈禱《きとう》が出来ず、家にいても心からの祈りをささげることができなかった。私が受洗したのは、福音的に神を信じたのでなく理論的に信じ、社会的にキリスト教を受け入れたのである」。

そうは言っても、直寛は神に確かに導かれていたのです。義母にまつわるこんなエピソードが残されています。

義母は、迷信深く、頑固で、ことのほかキリスト教を忌み嫌っていました。曲がりなりにも信仰者となった直寛は、ある日、義母にキリスト教の小冊子を渡します。ところが、これが義母の怒りをかい、その後は、あえて信仰の話をすることなく、ただひそかに神に祈るだけでした。ところが、数カ月後、秋山というところに伝道に行った翌朝、義母に会うと、真の神について、直寛に質問してきたと言うのです。

聞くと、その日の前日、キリスト教徒の魚屋さんがやって来て、義母に

駆け足人物伝

片岡 健吉（一八四三〜一九〇三）

土佐国（高知県）出身。土佐藩士として新政府軍に加わり戊辰戦争に参戦、会津若松城攻めで戦績を残した。維新後は、政府に出仕し、一八七一（明治四）年から二年間、ロンドンに留学、帰国後海軍中佐となるが、征韓論に伴う政争に敗れ辞任後、高知に帰郷。一八七四（明治七）年に、高知県で、板垣退助らと共に、立志社を設立、初代社長に就任。一八七九（明治十二）

聖書にある「十戒《じゅっかい》」を分かりやすく説明した小冊子をくれたというのです。義母が言うのに、その時自分はまったく読む気がないのに、なにげなく本を手に取った。ところが、なぜか手放せず、とうとう終わりまで読んでしまった。そして、読み終わった時、罪を恐れる気持ちがにわかに胸中にわくのを押さえることができなかったというのです。

翌日の夜、その魚屋さんにも来てもらい、家で集会を開き、互いに聖書を読み、祈りをささげました。翌朝、義母は言いました。

「自分は昨夜半ごろ目覚め、それきりどうしても眠れぬまま神様を思い続け、夜の明けるに従い、しだいに信仰心が起きてきた。自分は、これから子どもを学校に送って行くから、留守の間に、偶像やお札を捨てて欲しい」

試練を通し神に近づく

直寛にとって、この義母の回心は、神の真実と愛を実感する機会ともなりました。自分は理論的に神を信じたと言っていた直寛も、この時ばかりは深い悔い改めに導かれます。

年、高知県会の初代議長に。一八八〇（明治十三）年、第四回愛国社大会の議長を務め、その後、阿部広中と共に国会開設の請願書を元老院に提出するが不受理。一八八一（明治十四）年、自由党の結成に協力。一八八七（明治二十）年、保安条例違反で退去命令が出たが従わず、坂本直寛らと共に投獄され、二年後に出所。一八九〇（明治二十三）年、第一回衆議院議員選挙で当選、以後八回連続当選。一八九八（明治三十一）年から死去ま☞

「ああ、主の愛のいかに深いことか。私のような傲慢《ごうまん》で無神論者の罪人をも忍んで下さり、時至って過去のすべての罪を許したまい、救いの道、真の道に導いて下さった。その上、頑固な老母をはじめ家中の者にも厚い恵みを下さり、これらことごとく主の福音にあずからせたもうたのである。感謝、歓喜は何にたとえようもない」(『坂本直寛・自伝』土居晴夫編)。

☞で衆議院議長を務めた。高知にいる間は坂本直寛と共に高知教会の会員として教会生活を忠実に送った。

直寛ら立志社のリーダーの回心は活動そのもののあり方を変えました。高知県内の活動は、政府を正面攻撃する政談演説会から、農村を含め県内各地で開かれるキリスト教演説会に切り替えられたのです。ところで、坂本直寛のキリスト教徒としての後半生は、決して順風満帆な人生ではありませんでした。やがて来る入獄の試練と獄中の苦難、次々と起こる家族の不幸、そして自ら病いに倒れ罪の問題に苦しみます。その中で、直寛は、弱い信仰しかなかった自分が、この試練を通して、より神に近づくことができたと感謝するのです。彼が苦しみの中に光を見出した言葉が聖書にあります。

「そのために私は、高ぶることのないようにと、肉体に一つのとげを与えられました。それは私が高ぶることのないように、私を打つための、サタンの使いです。このことについては、これを私から去らせてくださるようにと、三度も主に願いました。しかし、主は、『わたしの恵みは、あなたに十分である。というのは、わたしの力は、弱さのうちに完全に現れるからである』と言われたのです。ですから、私は、キリストの力が私をおおうために、むしろ大いに喜んで私の弱さを誇りましょう。ですから、私は、キリストのために、弱さ、侮辱、苦痛、迫害、困難に甘んじています。なぜなら、私が弱いときにこそ、私は強いからです。」

『新約聖書』コリント人への手紙第二・一二章七〜一〇節

千人の囚人の涙

直寛は、三十四歳で、高知県会議員に当選しています。同時に、義母の回心後、信仰に目覚めた直寛は、聖書の真理を一人でも多くの人々に伝えるため高知県下を精力的に巡回し始めたのです。政治家としては、官僚主義を痛烈に批判、本町堀詰座で「日本将来の政略如何」と演説するのですが、中止命令を受け、向こう一カ年の政談演説の禁止を申し渡されます。

その直寛が逮捕投獄されたのは一八八七（明治二十）年十二月二十六日のことでした。明治政府へ物申す建白書を提出するため上京していた直寛は、京橋にあった星亨《とおる》邸で会合中、保安条例による退去命令を拒否したため逮捕され、東京軽罪裁判所で軽禁固二年六カ月の判決を受け石川島監獄に拘禁されます。

この石川島監獄内のあまりにも劣悪な環境の中で、すべてを奪われ弱さの極限状態の中で直寛が体験したのが神から来る心の平安でした。直寛の信仰は獄中で一層深められます。

後に、政界を引退した直寛は四十六歳の時、一家で北海道の地に開拓民として渡り、ほどなくキリスト教会の牧師としての働きが始まりますが、そこで直寛が精力を傾けたのが監獄伝道であり、彼は教誨師《きょうかいし》として犯罪者の心の闇に光をもたらすのです。

一九〇七（明治四十）年四月、十勝監獄で、直寛は千人もの囚人の前で、涙にむせびつつ、人間を罪から救うため十字架に架かったキリストの愛を切々と語ります。それを聞いた軍服姿の看守も涙を流し、囚人たちからは自分たちの罪を悔い改める慟哭《どうこく》の祈りが次々と起こったと言われています。さらに、この魂を揺るがす出来事は、十勝市内にあるキリスト教会にも飛び火し、キリスト教徒も愛のない自分の罪を悔い改めたと言います。

三浦綾子の代表作と言われる小説『塩狩峠』は、長野政雄という鉄道員が乗客を救うため暴走する列車を自らの体を投げ打って止めたという実話を元に生まれました。実は、その長野政雄は北海道における直寛の心を許せる信仰の友の一人でした。二人は、当時、停滞していたキリスト教会の霊的復興を求めて旭川の教会で共に祈り続けていたことが記録として残っています。

第四章・梅子、七歳のアメリカ体験

津田梅子

明治新政府が、国家の威信をかけて、百名以上もの使節団をアメリカやヨーロッパに送り出したのは一八七一（明治四）年のことでした。岩倉具視を団長とする派遣団の目的は、一八五八（安政五）年に締結した日米通商条約が一八七二（明治五）年には満期となるため、その条約改正の交渉のためということもありましたが、一番の動機は、新しい国づくりの先が見えてこない新政府にとって、何が何でも、欧米の政治、社会、経済、文化とあらゆる分野の知識を吸収してこなければならないという危機感からでした。

廃藩《はいはん》置県《ちけん》という大変革を断行して四カ月後の欧米使節団です。実は、この使節団が実現した陰にはあの宣教師フルベッキの助言がありました。その二年前、彼は、教え子だった大隈重信に英文のブリーフ・スケッチなる意見書を提出、たとえば、海外に調査団を派遣するなら、西洋の慣例にならい全権大使にするのが良策などのアドバイスを出しています。当時、明治政府の重要なポストに就いていた大隈は、これを翻訳、受け取った岩倉具視は、その内容を全面的に参考にして使節団を編成したと言われています。欧米使節団が出発する前、フルベッキは岩倉具視に招待され、親しく意見を交換したことが後で分かったのですが、フルベッキは、この事実をいっさい公にすることはありませんでした。

津田梅子（写真提供：国立国会図書館）

この使節団は、もちろん、岩倉具視をはじめ、木戸孝允《たかよし》、伊藤博文《ひろふみ》、大久保利通といった政府要員がその中心にいましたが、政府は、この使節団一行に、留学生を約六十人同行させ、その中になんと五人の少女を帯同させたのです。これは、当時、北海道開拓使次官の黒田清隆《きよたか》が、日本の将来のため、男子留学生だけでなく女子も送るべし、という意見書を出したことがきっかけでした。後に開拓使長官となった黒田清隆は「少年よ大志を抱け」で知られるクラーク博士と不思議な出会いをします。

この記念すべき女子留学生募集に応募し採用されたのは、東京府士族秋田県典事吉益正雄娘亮子（十五歳）、外務中録上田畯娘上田悌子（十五歳）、青森県士族山川与七郎娘捨松（十二歳）、静岡県士族永井久太郎娘繁子（九歳）、そして、最年少の東京府士族津田仙娘梅子（八歳）でした（いずれも数え年）。満年齢なら七歳の娘を未知の世界の海外に送り出そうとしたのですから父親の津田仙という人物も相当な変わり者と思われますが、この決断が、後に津田塾大学を創設し日本の女子教育の先駆者となった津田梅子を育てることになるのですから不思議です。

大陸横断五千キロの旅

さて、欧米派遣団一行を乗せた太平洋汽船会社の約四千五百トンのアメリカ号は一八七一（明治四）年十一月十二日（新暦十二月二十三日）、横浜を出港しました。船は、太平洋を横断、二十三日間の航海の後、十二月六日（新暦一月十五日）、西海岸のサンフランシスコの港に着きます。この時、大変な歓迎があったようですが、一行は十二月二十二日には同地を出発、大陸を横断して約五千キロ、東京からバンコクまでに匹敵する長距離を日本使節のために仕立てられた貸切列車に乗って行きました。

年が明けて一月二十一日（陽暦二月二十九日）、列車はようやくワシントンに到着します。その時、市内は降りしきる雪に覆われ大変寒かったと記録に残っています。

ここで、五人の女子留学生は、一行と別れ、それぞれのアメリカ人の家庭に引き取られていきました。そのお世話をしたのが、当時、日本弁務官としてワシントンに駐在していた森有礼《ありのり》でした。

後に文部大臣として日本の教育制度を立て直した有礼は、若い日に訪れたアメリカでキリスト教に触れ大きな影響を受けていました。ですから、五人の女子留学生にもキリスト信者の家庭にホームステイをするように配慮しています。

七歳の津田梅子は、ジョージタウンに住む森有礼の日本弁務官の同僚チャールズ・ランメン宅に十五歳の吉益亮子と共に世話になることになりました。ところが、亮子は、ほどなく眼病を発病、なかなか回復しないため、

駆け足人物伝

森 有礼（一八四七〜一八八九）

薩摩藩士・森喜右衛門有恕の五男として、鹿児島城下春日小路町に生まれる。一八六五（慶応元）年、イギリスに留学、その後アメリカにも留学、キリスト教に深い関心を示した。明治維新後に帰国すると、福沢諭吉、西周、中村正直らと共に、明六社を結成。一八八五（明治十八）年に第一次伊藤博文内閣の文部大臣に就任。一八八六（明治十

その年の十月には帰国し、梅子一人が残されてしまいました。

結局、梅子は、一八八二（明治十五）年に日本に帰る日までの十一年間、ランメン宅で過ごすことになります。ランメン夫妻には子どもがいなかったので梅子を我が子のように可愛がりました。梅子は日本を発つ時に持参した家族の写真を時々取り出しては眺めることはあっても、決して日本に帰りたいなどと口に出したことはなかったと言われています。

ランメン夫妻は当地にある聖公会の忠実な会員で、日曜日は必ず教会の礼拝に出席していました。梅子も教会学校にかよい、少女ながら、聖書を開き、天地万物を造られた唯一の神がおられることを知り、人間を罪から解放するために十字架につけられ死から復活したキリストを救い主と信じます。

一八七三（明治六）年の夏、八歳になった梅子は、突然、「洗礼を受けたい」とランメン夫妻に申し出ました。梅子の受洗の希望を聞いたランメン夫妻は森有礼と相談、梅子の受洗の申し出を承諾。興味深いことに、ランメン夫妻は自分たちが属する聖公会で洗礼を受けるのでなく、どの教派にも属さないアッパ・メリオン・キリスト教会で受洗させたのです。その教会のペリンチーフ牧師が親友であるということもあったのでしょう。七月十三日、梅子は、ランメン夫妻他数名が見守る中、ペリンチーフ牧師から洗礼を受けました。奇しくも、この年の二月、祖国

年には、学校令を発令するなど様々な学校制度の整備に邁進。近代国家としての教育制度の確立に尽力した。しかし、一八八九（明治二十二）年、大日本帝国憲法発布式典の当日、国粋主義者によって暗殺された。四十三歳。息子の森明は東京・中渋谷教会で牧師として奉職。孫の森有正は仏文学者として知られる。

日本ではキリシタン禁制が解け、すべての禁制の高札が取り外されたのです。

父親・津田仙のウイーン

一八七三（明治六）年、梅子がアメリカで洗礼を受けたその年の一月、日本から、オーストリアのウイーンで開催されていた万国博覧会に参加するため、政府派遣団七十名が、フランス船ファーズ号に乗船して横浜港を出港しました。この一行の中に、梅子の父親の津田仙もいました。

津田仙の名前は、すでに、坂本龍馬暗殺の犯人今井信郎との関係で前にふれていますが、勝海舟や福沢諭吉とも親交のあった明治の大物の一人ですので、少し詳しく紹介してみましょう。

津田仙は、一八三七（天保八）年八月六日、下総国（今の千葉県）、佐倉城下天神曲輪に生まれました。父小島善右衛門良親は佐倉藩主堀田正睦《まさよし》に仕え、藩からは百二十石の禄を受けていました。仙が生まれた少し前の時代は、江戸文化が最も華やかな時代と言われ、それだけに幕府も豪奢な生

駆け足人物伝

津田仙（一八三七〜一九〇八）

日本の農学者、同志社大学、青山学院大学の創立にかかわる。下総国（千葉県）佐倉藩士・小島良親の四男として生まれる。十五歳で佐倉藩藩校で学び、オランダ語、英語、洋学、砲術を学んだ。一八六七（慶応三）年には、福沢諭吉らと幕府随員としてアメリカへ洋行。明治維新になると官職を辞して、築地ホテル館に勤め西洋野菜の栽培などを手掛ける。一八七一（明治

活におぼれ、一般庶民にも浪費と刹那的快楽がまん延していました。そのため、幕府の財政が破たん、うち続く凶作と飢きんで、仙が生まれたころには、庶民の苦しみも頂点に達していました。そして、外国からの圧力が徐々に迫っていたのです。

仙は一八四四（弘化元）年、八歳の時、藩校東西塾に入り習字、四書五経の素読、小笠原流の礼法の基本を学んでいます。十二歳になると、仙は武術に没頭し、馬術、剣術、弓術、槍術、柔術、水術を修めました。仙は十五歳で元服、当時、佐倉藩が採用していた最新の西洋火術や砲術にも興味を持ち、立身《たつみ》流の達人逸見忠蔵の門に入り、その技を学んでいます。

一八五三（嘉永六）年六月三日、アメリカから、ペリー率いる艦隊が、軍艦四隻を従えて浦賀に来航、通商を迫ります。この時は、日本側が回答を延期したため、艦隊も琉球へ引き上げますが、あわてた幕府は、今後の外敵に備えるため、江戸の海岸、本牧、大森、羽田、深川の全域にわたって砲台を築くことを計画します。幕府からの構築の命を受けた佐倉藩は、藩内の若者に動員命令を出します。その時、十七歳であった仙も、その若者たちの一人として、加農砲隊に加わり千葉の鴨川に行きました。この時、仙は、港に碇泊するアメリカの黒船の威容に圧倒され、いまさらながらに

四）年には、明治政府が設立した開拓使の嘱託となり、岩倉使節団に女子留学生が同行することが決まると娘の梅子を応募させた。一八七五（明治八）年に、米国メソジスト監督教会のソーパー宣教師より、妻の初子と共に受洗。一八七六（明治九）年には東京麻布に学農社を設立、農学校も併設した。同年創刊した『農業雑誌』で、種の通信販売を始め、これが我が国の通信販売の始まりと言われている。足尾銅山事件では田中正造を助け農民救済運動に奔走した。

外国の文化、技術の優れていることを知り、外国の知識を得ようと決心したと言われています。

一八五九（安政六）年、この年の秋に、アメリカから、ヘボン、ブラウン、フルベッキ、シモンズらキリスト教の宣教師が横浜や長崎に来日していますが、津田仙は、この年の春、一大決心をして、英語を学ぶため横浜に出ます。

その後の仙の活躍は華々しいものがありました。すでに、一八五八年（安政五年）に日米修好通商条約が締結されていましたが、仙は外国奉行所に出向、通訳として活躍します。一八六七（慶応三）年には、アメリカへの交渉団の一員として、福沢諭吉らと共に渡米。この時、仙は、サンフランシスコで感ずるところあってか、ちょんまげを切り落とします。この時も、文明の進んでいるアメリカを見てそのショックはかなり大きかったようです。

しかし、アメリカから帰国した津田仙ら幕府側の武士たちには、過酷な現実が待ち受けていました。廃藩置県後の全国的な武士の大量解雇です。

初めての野菜サラダ

一八六八（明治元）年、幕府の没落で、今まで江戸に詰めていた諸藩の旗本は、土地を売るなどして新生活を始めましたが、大変おもしろいのは、津田仙の場合はその道を取らず、まず、当時外国人居留地にあった築地ホテル館に管理人として勤めていることです。

外国人専用の宿泊所がほとんどなかった時代です。仙は、このホテルで、外国人の食事には新鮮な野菜が欠かせない事に驚きます。おそらく、その時、初めて野菜サラダを食べたのでしょう。自ら、東京の麻布に土地を購入、ホテルもやめてここで野菜作りに専念します。後に、日本の農業開発のパイオニアの一人となった津田仙が、農業に専心するきっかけとなったのです。

さて、一八七三（明治六）年、ウイーンで開かれた万国博覧会に日本から視察団が行った話に戻ります。この時、視察団の一人に選ばれた津田仙の肩書は、民部省農寮職員で、当時、農業関係の専門家として政府の相談にのっていました。

この視察団は、約九十日の航海で三月二十三日に目的地ウイーンに着きました。万国博覧会は五月一日から開かれましたが、仙は特に、農業関係の機具

東京築地ホテル館　明治初期に描かれた築地居留地の築地ホテル館。
歌川広重による錦絵。東京・中央区立京橋図書館所蔵

や技術品の展示を見、ヨーロッパの先進国の農業技術の進歩に目が開かれたようです。しかし、本当のカルチャーショックは、むしろ、欧米文化の根本であるキリスト教に触れた時に起こりました。

後に、友人の山鹿旗之進牧師にその時のショックをこう記しています。

「私はもとより、農業に関する事柄を調査すべきであったが、大博覧会場にて最も意外に感じたのは、耶蘇教の経典バイブルが多数陳列されていた事である。私の記憶では、少なくとも三百五十余カ国の国語に翻訳されてあったようである。そのうちにはまだ和訳はなかったが、既に漢訳聖書のあるのを見た。そこで、私は耶蘇教はどうしてこんなに盛んに世界に行われているのだろう。それにしても、同じ耶蘇教にしても、なぜ天主教（カトリック）と称する一派ではバイブルを信者に読ませず、プロテスタント派では自由にこれを読ませるのであるかなど、疑問百出、とかくの判断に迷うのであった。……顧みて、この天主教の盛んなウイーンの風俗いかにというと、なかなか、不道徳の事柄が少なくない。ところが、かのプロテスタント教の行わるる英国と云い、米国と云い、はたまたドイツと云い、国運隆々として日進月歩の勢いあり、これに引き換え、かの天主教の行わるる諸国はイスパニヤと云い、ポルトガルと云い、其他僅かにフランスを

駆け足人物伝

津田 梅子（一八六四〜一九二九）

明治の女子教育の先駆者。旧幕臣・津田仙、初子夫妻の次女として江戸牛込の南御徒町に生まれた。父親の仙が西洋野菜の栽培を手がけた時など父の農園の手伝いもした。

一八七一（明治四）年、七歳で、岩倉使節団に同行してアメリカに留学、森有礼の斡旋で、クリスチャンホームのランメン家にホームステイ、一八

除くほかは、おおかたは微々として振るわない。ゆえに私もまた、この教えを奉ずるとしても、よくバイブルを研究してプロテスタントに入らなければと決心して帰朝した」(都田豊三郎著『津田仙』大空社/以下※4・1)

梅子からの信仰のすすめ

ウイーンから帰国した仙は、間もなく、築地の江戸ホテルを訪れています。それはアメリカからやって来たソーパー宣教師を訪ねるためでした。仙の留守中、娘の梅子が世話になっていたチャールズ・ランメンから託された手紙を届けにソーパーは仙の自宅を訪れていたのです。この出会いをきっかけに、津田仙夫妻は、ソーパーが自宅で日曜日に開いていた集会に集うようになります。

「熱誠にして率直、あまり邦語に熟達していなかったが、その口から出づるところの言々句々、猛然として舌端火を吐き、聞く者を魅惑しなければ止まない」(※4・1)

これは、仙がソーパーの印象を綴ったものですが、宣教師の人格を通してさらにキリスト教の核心にふれていった様が表わされています。

七三(明治六)年には、自ら申し出てキリスト教の洗礼を受けた。一八七八(明治九)年には、アーチャー・インスティチュートへ進学、ラテン語、フランス語に加え、英文学や自然科学を学んだ。帰国後は、日本語能力の退化に苦労するが、伊藤博文の英語指導を引き受け、後、伊藤の推薦で華族女学校で英語教師となった。一八八九(明治二十二)年には再び渡米、フィラデルフィアの大学では生物学を専攻、同時に、☞

実は、信仰に関しては、娘の方が先輩の身です。アメリカから、梅子は、父母に聖書の真理のすばらしさを伝えてもいたのでしょう。仙自身、梅子にこんな手紙を書いています。

「そなたが、それほど熱心に耶蘇教を信心するようになった事が何よりもうれしい。近頃は、父も母も、そなたと同様、喜んで耶蘇教の教えを聞き、父がオーストリアから帰って以来、二人で、毎日曜日、教会にお参りしている」

（『恩師ソーパー博士』／※4・1）

一八七四（明治八）年一月三日、津田夫妻は、築地のソーパー宅で、神の前に信仰を告白し洗礼を受けました。その後、仙の長男、次男、三女がソーパーから洗礼を受けています。

☞ 日本女性留学を実現する奨学金制度設立のため活動、三年後に日本に帰国した。一八九四（明治二十七）年には明治女学院で講師として働き、私立学校令が公布され法整備が整うや、官職を辞職、一九〇〇（明治三十三）年七月に、父・仙や大山捨松、瓜生繁子らの協力を得て、「女子英学塾」を開校、塾長となった。これが、津田塾大学の前身である。

第五章・欧米使節団と密出国青年

新島襄（二）

先に述べたように、一八七一（明治四）年に横浜を出航した、岩倉具視・欧米使節団は、最初はアメリカに渡ります。ここで、日米通商条約の条約改正の交渉も行われ、この不平等条約を改正するため、日本側の代表はかなり頑張って新生日本をアピールしました。この使節団がアメリカ滞在時の通訳の一人として採用したのが新島襄というれっきとした日本人青年でした。

この人物、一八六四（元治元）年に、函館から国外脱出を試み、みごとに密出国に成功するのですが、幕末の掟からすると、国禁を犯した重罪人ということになります。

ところが、欧米使節団がアメリカを訪問することが決まった時、駐米公使の森有礼ら使節団を迎える側のお役人は、当時、アンドーヴァー神学校に在学していた新島襄に目を付けたのです。その英語力はもちろん、その人格に惚れ込んだのでしょう。何より、後に日本の初代文部大臣となる森有礼自身、キリスト教の思想を教育の根本と考えていたらしく、アメリカでキリスト教徒となった新島襄を明治政府の指導者たちにどうしても会わせたいという思惑もあったようです。ちなみに、アンドーヴァー神学校は後にハーバード大学に吸収合併され、今は残っていません。

駆け足人物伝

岩倉 具視（一八二五〜一八八三）

幕末から明治中期の政治家。一八二五（文政八）年、京都に生まれ、堀川康親の三子として岩倉具慶の養嫡子となる。一八五四（安政元）年、孝明天皇の侍従となる。一八五八（安政五）年、日米修好通商条約勅許の奏請に対し阻止をはかる。公武合体運動の主導者となり、一八六一（文久元）年、皇女和宮を徳川家茂に嫁がせる。この行為が尊王攘夷派から非難され一八六三（慶応三）年まで

新島襄と田中不二麿

さて、神学校のあるボストンから使節団が滞在しているワシントンに駆け付けた新島襄は、明治政府の文部理事官田中不二麿《ふじまろ》に会い、その通訳として行動を共にします。

ある日、ワシントンで一番豪華なホテルと言われたアーリントン・ハウスで、新島と田中は共に食事をしながら、国民教育の問題について三時間にも及ぶ話し合いをしました。ところが、新島が熱情を込めて語る教育論に対し田中文部理事官は聞き役に徹した模様で、新島自身、その時、心に燃える熱情を押さえることができず、自分の人生を変えた聖書の真理が教育に及ぼす影響がいかに大きいか熱く語った、と述べています。

実は、この時、田中理事官に語った話の内容が英文で残っています。新島が、アメリカで父のように慕っていたハーディー氏あてに書いた手紙の中に詳しくそれが紹介されているのです。少々長い引用ですが、以下に訳文で紹介してみましょう。

「国民でも個人でも、善良な市民になるには先ず聡明になる必要がある。

蟄居を命じられる。以後、倒幕へと転向し、同年十二月、大久保利通らと王政復古のクーデターを画策。明治新政府において、参与、議定、外務卿、右大臣などを務める。一八七一（明治四）年、特命全権大使として使節団を伴い欧米視察。帰国するや、明治新政府基礎の確立と強化に大久保利道と協力。欧米使節団派遣に際してはフルベッキの助言を全面的に採用、個人的にも次男具定、三男具経の米国留学の道をフルベッキが開き、二人の息子はラトガース大学に学んだ。

聡明な市民は無知な市民よりも非常に統治し易い。しかし、そういう市民の理智も、まだ道徳的に自己を支配するには足りない。もし、理智を持っているだけで、道徳的原理を欠くなら、隣人および社会に対して善をなすよりも害を与える方が多いであろう。研いだ理智は鋭い小刀のようなものである。それは、同胞を破滅させるばかりでなく、自分自身をも滅ぼすかも知れない。一人の、そういう破壊的な人物が社会にそういう影響を及ぼすとすれば、百千のそういう人物は必ず国民の破滅を招くであろう。そういう破壊的な理智を抑制するには、道徳的原理というものが存在しなければならない。というのは、もし、道徳的原理を持っていれば自己の理智を正しく行使することができるからである。それ故、日本政府は、人民に道徳的原理を教えるために何らかの手段を備え、又は、何等かの人物を容れなければならない。教育だけでは有徳な人間を作るに足らず、理智哲学や道徳哲学も同じである。私は、人々がプラトーの哲学または孔子の書物を研究して有徳になった例を知らない。然し、これに反して、キリスト教には、人々を自由にし、強くし、有徳にする力がある。徳を愛する人間こそ実に真の人間であって、その人は自らを管理する方法を知っている。もし、日本人の各々が自分を管理する方法を知れば、政府は全国のあちらこちら

駆け足人物伝

田中不二麿（一八四五〜一九〇九）

尾張藩名古屋城下に尾張藩士の子として生まれる。青年時代から尊王攘夷を強く主張、王政復古の大号令を受けて参与に任命された。

一八六八（明治元）年に官軍に入隊。翌年、大学御用係を拝命、以後教育行政に携わる。一八七一（明治四）年、文部大丞になり、岩倉欧米使節団では文部理事官として、欧米の教育行政を視察。その時、通訳兼助手として

に探偵を置く必要はなくなるであろう。もし、全国民が真理と徳を愛すれば、自治が行われて、政府の面倒はなくなるだろう。国民の力は畢竟《ひっきょう》、彼等の徳と敬虔との力である。或る人々はキリスト教を単なる方便として利用する。しかし、それでは、真の宗教とは言えない。キリストには真理がある。私たちは真理を真理として取るべきであって、単なる方便とすべきではない」（一八七二年三月十九日、ジョージタウンからハーディー夫妻に送った英文書簡からの抜粋／『新島襄～わが人生』日本図書センター／以下※5・1）

この手紙のなかで、キリスト教を単なる方便として利用している人々がいる、という指摘にはドキリとさせられます。これは、文部理事官田中不二麿の面前で語られた言葉ですから、明治政府が国づくりのためにキリスト教を利用しようとすることへの警告とも受け取られる言葉です。もっとも、田中理事官は紳士的な人だったらしく、血気盛んな新島の提言を聞き、反発しながらも、その後も、新島との心の交流を持ち続けました。新島にとって、「私が道であり、真理であり、命なのです」と語ったキリストに田中理事官が出会ってもらうことが秘かな望みでもありました。たしかに、

随行したのが新島襄で、それが二人を結びつけた。一八七五（明治八）年、京都に同志社英学校が設立されるに当たって尽力したのが、山本覚馬だったが、田中不二麿は新島の才能を高く評価し、中央官庁へ引き抜こうとした。教育行政の失敗から、一八八〇（明治十三）年には、司法卿に左遷され、田中は、教育行政から手を引いた。一八九一（明治二十四）年、第一次松方内閣の司法大臣に就任。

手記などを読みますと、折を見て自分の信仰について熱心に語る新島襄の姿が印象的です。

さて、これは、新島が日本へ帰国してからの話ですが、高知で自由民権運動を展開していた板垣退助に宛てた手紙のなかにも、キリスト教を方便とするのでなく、キリストの真理そのものに目覚めて欲しいといった主旨の文章があったと記憶しています。

江戸の剣術道場で修行

一八四三（天保十四）年、新島襄は神田一ツ橋外にあった上野安中藩（群馬県）の江戸屋敷で、四人の姉を持つ長男として生まれました。幼名は七五三太《しめた》、女の子ばかりが次々と生まれ、やっと男の子だったもので、祖父が「しめた！」と言ったのが名の由来とか。

武士の家系として、十歳で、馬術及び剣術の教練所へ通い始めていた。剣術では実に早熟で、後に、日本を脱出する時も、新島襄は大小の刀を肌身離さず武士としての矜持を堅く保っていました。

ちなみに、十歳のころに七五三太が書いたという初めての書簡が残っていますが、これが私たち現代人にはちんぷんかんぷん、多分、お手本を見て書いたのでしょうが、その漢文の素養には驚かされます。

新島襄
（国立国会図書館提供）

「一筆啓上仕候。追日冷気御座候之共、御惣容様益々御機嫌能被成御座奉恐悦候。先以先般は御道中無御滞被遊御到着奉恐悦候。爰許《ここもと》被為在《あらせられ》候砌は日々参上仕、蒙御懇命、頂戴物等仕、冥加至極、難有仕合奉存候……」。

さて、七五三太が十歳ということは一八五三（嘉永六）年、あの黒船来襲の年にあたります。手記の中で、この危機の時代の様子を振り返って次のように書いていますが、当時の日本の疲弊した状態を痛切に肌身で感じていたことがわかります。

「丁度、この時分、日本は国歩艱難を極めていた。人民は約五百年（編注・実際は約二百七十年）の間徳川家の支配下に泰平に慣れていた。徳川家の法律は厳重であり、確乎不抜《かっこふばつ》であった。行政官吏は極めて猜疑深く、恐るべき圧政を行った。人民の大望は完全に粉砕された。多くの武士は、殆ど刀剣の使用法さえ忘れていた。鎧はただ骨董品として倉庫に蔵いこまれたまま腐朽して用をしなくなっていた。実際、人民は臆病になり、堕落し、女々しくなっていた。全国を通じて放縦の気風が殆ど、普くびまんしていた。まことに何等かの改革が必要であった。少数の先見の明ある愛国者は、この悲しむべき状態を歎いて、正しい改革に対する何等かの希望を抱いていた。しかし、それを実現することは殆ど期待できなかった。丁度その時、水師提督ペリーに指揮せられた有名なアメリカ艦隊が、突然、領海に現われた。それは、国内に恐るべき動揺を起こした……」（※5・1）。

函館からの海外脱出

十六歳になった時、七五三太は安中藩主の江戸屋敷勤めとなります。そこで書類整理や記録係を命ぜられますが仕事になじめず、いつしか心ここにあらずで蘭学を学ぶためにたびたび執務室を抜け出すようになりました。当然、上司のお叱りを受け、それがプレッシャーになったのでしょう、七五三太は猛勉強の結果、体を壊し、ノイローゼになって休暇を取るはめになるのです。当時の心情を手記の中で語っています。

「戦雲は国内に深く閉じ込めて来た。私の主君は、不運な立場にある将軍のために起ち上がって、勤王派に対抗しなければならなかった。私は勤王派に対して全幅の共鳴を感じて、度々、彼等の仲間に加わりたいと願った。しかし、私と両親や祖父との間を結びつけていた愛の絆は、また主君と私との間をも縛りつけていた。これは、私にとっては別の激しい試練であった。私は非常に神経過敏になり、怒りやすくなった。もし、この悩みから私を救い出してくれる慰めの友がいなかったら、私は全く破滅してしまったかも知れない……」（※5・1）

安中藩士だったころの新島襄を描いた肖像画。函館脱出前に撮影した写真（1864年）をもとに描かれたもの。画：原田直次郎（同志社社史資料センター所蔵）

「全く破滅してしまったかも知れない」とは、穏やかではありません。今でいう燃え尽き症候群でしょうか、心の悩みが実に深刻だったことを暗示しています。ここに彼を助けることになる一人の友人が出てきます。ところが、それが誰であるか、新島襄研究家もまだ分からないそうです。しかし、この友人を通して、彼は、海外渡航の夢が与えられて、その後、人生の書となった聖書と出会ったのです。

その友人が、七五三太に貸してくれた本の中に『漂荒記事』という一冊がありました。これは、膳所《ぜぜ》藩（滋賀県）の黒田麹盧《きくろ》（行元）が嘉永のはじめダニエル・デフォー著『ロビンソン・クルーソー』のオランダ語訳をさらに和訳して出版したもので、七五三太は、これを読んで心に海外渡航の願望を起こしたと語っています。

「私はその本が気に入ったので、祖父に見せて、彼にも読むように勧めた。彼は読み終えると厳かに諭して言った。『こんな本を読んではいけない。前途を誤るかも知れないからね』」

ところで、この『ロビンソン・クルーソー』、英国人の著者デフォーは、これを単なる冒険譚として書いたわけではありませんでした。残念ながら、日本では、この作品のスリルとサスペンスに富んだ第一巻の冒険物語だけが翻訳され紹介されていることが多いのですが、全三巻の残りの二巻を読みますと、著者は明らかに、この物語に人間の救いと再生という聖書のメッセージを盛り込んでいるのです（ちなみに、この事実を日本で初めて紹介したのがK・マクビーティ著『ロビンソン・クルーソーに秘められた十字架』いのちのことば社刊）。

もちろん、七五三太が読んだ『漂荒記事』には、冒険譚の部分しか出てきません。しかし、最初に海外渡航への夢を与えた本が『ロビンソン・クルーソー』だったことは不思議と言えば不思議です。

漢訳聖書との出会い

さらに、友人は七五三太に漢訳の書物数冊を貸し与えています。その中でも特に彼が興味をそそられたのは、上海か香港で出版された数冊のキリスト教書でした。これらの本との出会いが新島襄を真理との出会いへと導きます。

「私は、それらの本を綿密に注意して読んだ。私は一方では懐疑を持ったが一方では恭々しい畏敬の念に打たれた。私は以前学んだ蘭書によって、造物主の名を知ったが、簡単な〈漢訳聖書史〉の中に出てくる、神が天地を創造したという単純な物語を読んだ時ほど親しいものに感じたことはなかった。私たちの住んでいる世界は、神の見えざる手によって創造せられたもので、偶然に出来たのではないことを私は悟った。私はその同じ歴史の中に、神の別名が〈天の父〉であることを発見した。それは、私の心の中に今まで以上に神に対する畏敬の念を起こした。なぜなら、神は単なる造物主でなく、それ以上のものだと思われたからである。凡てこれらの本は、私の一生涯の最初の二十年の間、私から全く隠されていたものを、幾分おぼろげにではあるが、心眼に見させてくれた」(※5・1)

聖書との出会いは、その内容をもっと深く知りたいという願いに高まっていき、それは、キリスト教を自由に信仰でき、封建的社会でないアメリカへのあこがれとなっていったのです。

「神を自分の天父と認めた私は、最早、両親との絆を断ち難いものとは感じなくなった。親子の関係についての孔子の教えは、あまりに狭隘《きょうあい》であり不条理であることを私は初めて発見した。その時、私は叫んだ。『自分はもう両親のものでなく、神のものだ』。父の家庭に私を固く結びつけていた強い絆は、その瞬間、ばらばらに切れた。私はその時、自分自身の道を歩まなければと感じた。自分は地上の父に仕える以上に天の父に仕えなければならない。こういう新しい考えに勇気づけられて、私は、一時、主君を見捨て、また、自分の家庭と国家を立ち去ろうと決心した」（※5・1）

第六章・小刀で漢訳聖書を求める

新島襄（三）

新島襄が、海外への脱出を決行したのは、一八六四（元治元）年のことでした。江戸に住んでいた新島が国外脱出を実行するとなると横浜港が近くにあります。ところが、ペリー来航の時、密航計画に失敗した吉田松陰の例を待つまでもなく、江戸表からの密航はあまりにリスクが大きいのです。そこで、新島が選んだ港が函館でした。

両親には、蘭語と航海術を学ぶため函館に行くと告げ、品川から船で函館に向かったのが三月十二日、二十日たらずで函館に着いた新島は、ロシア正教会のカサトキン・ニコライ司教を訪ね、四十日間、日本語を教えながらニコライ邸に寄寓します。

後日、新島は当時を回想して「あの時、ニコライからロシアのキリスト教を教えられていたなら、自分はアメリカでなく、きっと、ロシアに行っていただろう」と語っています。せっかく日本の若者への伝道のチャンスがあったのに、当時のニコライは日本語が初歩の段階で、そのチャンスを逃したというわけです。

「出国」
新島が函館から密かに出国する場面を描いた想像図。画：東郷膳右衛門。アメリカ商船の船長に頼み、船での労働を条件に無料で渡航できた。（同志社社史資料センター所蔵）

結局、脱出計画は、ニコライの賛同を得られないままに、三人の友人の手引きで、上海行きのベルリン号に潜り込むことに成功します。その友人の一人が、前にも出てきた沢辺琢磨です。

沢辺は坂本龍馬の親戚筋の人物で、江戸で起こした不祥事で投獄されるところを龍馬に救われ函館に逃げて来たのです。ところが、神官だった沢辺は、函館で異教であるキリスト教を伝えるニコライの暗殺を謀ります。しかし、ニコライの清廉な人格にふれキリスト教に改宗、後半生を、日本人初の日本正教会司祭として奉仕します。

心の父・ハーディー

人生は出会いで決まる、と言われます。ニコライや沢辺琢磨との出会いもそうでしたが、ホーレス・テイラー船長との出会いも新島にとって大きな出来事でした。熱心なキリスト教徒であった船長は函館から上海に着いた新島をアメリカ行きのワイルド・ローヴァー号に迎え入れ厚くもてなし英訳の聖書さえプレゼントしています。その好意に新島は航海中は労役で応え、感謝の気持ちを込めて、武士の命として帯びていた大刀を船長に贈りました。ちなみに、彼の襄という名前は船長が親しみを込めて彼を「ジョー」と呼んだことから来ています。

当時、船は香港にも寄港していますが、そこで、新島襄は、キリスト教書店でお金の代わりに帯刀していた小刀を差し出して漢訳聖書を手に入れました。

長い航海の末、アメリカの東海岸の都市ボストンに着いた新島襄は、ローヴァー号の船主アルフィーア・ハーディー氏が身元を引き受けることになりました。この人物こそ、アメリカでの新島襄を助け、生活と勉学のすべての費用を負担した篤信のキリスト教徒でした。ハーディー氏は、自ら船までやって来て、この密航者の姓名を聞き、その希望を質《ただ》しています。その時、新島青年は舌の回らぬ英語で一生懸命自分の志を語ったようです。ハーディー氏は、彼を三日間、地元のホテルに泊め、衣服その他の必要品を買い与え、最後に自宅に引き取る事となりました。

二十二歳でハーディー家にお世話になることになり、以来、三十一歳で帰国するまでの九年間、その援助は絶えることはありませんでした。

後に、新島襄の帰国を助けたアメリカ公使の森有礼などは、新島が国費留学生となるなら、日本政府としてかかった費用の返済をハーディー氏にしたいと申し出ています。しかし、ハーディー氏はそれを固く断ったということです。

神を信じ聖書の真理を求めて、アメリカにやって来た新島襄は、一八六六（慶応二）年十二月三十日、ボストンにほど近い所にあるアンドヴァー

駆け足人物伝

新島 襄

（一八四三〜一八九〇）

一八四三（天保十四）年、上野国（群馬県）安中藩江戸屋敷で生まれる。二十一歳の時、国禁を犯して函館から米船ベルリン号で海外脱出、アメリカでは船主ハーディー氏の援助を受けフィリップス・アカデミーに入学。一八六六（慶応二）年、アンドーヴァー神学校付属教会で洗礼を受ける。後、アマースト大学、アンドーヴァー神学校に学び、一八七二（明治五）年、岩倉具視使節団の通訳として、田

の教会で洗礼を受けました。これには、テイラー船長やハーディー夫妻の祈りが背後にあったことは否めません。

翌年、アマースト大学に入学、これも大きな出会いとなったジュリアス・H・シーリー教授宅に一時期、寄宿し、学内の伝道クラブに所属して活動します。英語も上達しその弁舌豊かな才能（タレント）はここでもいかんなく発揮されたようです。ちなみに、シーリー教授は、後に、アマースト大学に入学した内村鑑三にも人格的に大きな影響を与えた人物として知られています。新島も聖書を学ぶだけでなく、聖書に従うことをシーリー教授から学んだのです（なお、当時のアマースト大学ではクラーク博士も教べんを取っており、この九年後には、あの札幌農学校に赴任することになります）。

作家の司馬遼太郎は、明治の代表的教育者として、福沢諭吉、江原素六、新島襄の名をあげていますが、いずれもが聖書に影響を受けた人々です。特に、新島にとって、新しい日本は聖書の真理を土台にした教育こそ急務であるという使命感がありました。

二十一歳の時、日本脱出を図り、アメリカで教育の原点を見出した新島

中不二麿に同行して欧米各国の教育制度を視察。一八七四（明治七）年、アンドヴァー神学校を卒業、その年の十月、アメリカン・ボード海外伝道部の年次総会で、日本にキリスト教主義の学校設立を訴え、五千ドルの寄付の約束を得た。その一カ月後に日本に帰国。一八七五（明治八）年、同志社英学校を山本覚馬の援助を得て開校。一八九〇（明治二十三）年、募金運動中に倒れ静養先の神奈川県大磯の旅館で、小崎弘道らに遺言を託して死去。墓銘碑には勝海舟の筆字が刻まれている。

は、その理想を実現すべく一八七四（明治七）年十一月、三十一歳の時に日本に帰国します。

日本に着いてすぐに郷里の群馬県安中市に帰った新島は、ふるさとの人々に聖書の真理を伝えようと、藩校造士館などで集会を開きました。驚くことに、因習の強い土地柄ながら、その集会で三十人の求道者が出たという記録が残っています。

次に新島が目指したのは、学校の候補地として考えた大阪でした。しかし、そこには適切な場所が見つかりません。失意の新島は、当時、日本では珍しい博覧会が開かれていた京都を訪れます。一八七五（明治八）年四月五日のことです。そこで京都府の顧問をしていた山本覚馬《かくま》に出会い、同志社英学校の発足へと道が開かれていくことになります。その詳しい経緯については、次章で触れます。

第七章・会津のジャンヌ・ダルク

山本八重

二〇〇九（平成二十一）年三月、日本テレビで放映されたドラマ「会津のジャンヌ・ダルク、山本八重」は、一八六八（明治元）年九月二十二日まで約一ヵ月間続いた会津城籠城戦で勇猛果敢に戦った山本八重の波乱の生涯を紹介したものです。彼女は後に、新島襄と、当時としては珍しい、キリスト教結婚式をあげることになる女性です。

戊辰戦争は、大政奉還後、明治維新となっても各地に残存していた旧幕派を新政府軍が攻め込むという形で、鳥羽・伏見の戦いを皮切りに勃発しました。会津の戦いでは、旧幕派の東軍は四千五百人の兵のうち二千五百五十七人が戦死するという悲劇に終わります。

新島（山本）八重。明治21年の撮影（同志社社史資料センター所蔵）

この戦いで、八重は大小を腰におび七連発のスペンサー銃を持って新政府軍に立ち向かうという男勝りの働きをしていますが、新政府軍の洋式砲の威力はすさまじく、会津城には一日一千〜二千発もの弾丸が撃ち込まれたといい、藩主松平容保《かたもり》は九月二十二日に降伏を決意します。八重の夫の川崎尚之助は藩籍がないため、開城に先立って城外に去りやがて命を失います。八重は、自分が生き残ったことの重荷をこの時から十字架として負って行くことになったのかもしれません。

山本八重は、一八四五（弘化二）年十一月三日、会津城下の郭内米代四ノ丁で生まれました。八重の生家の山本家は代々砲術師範の家柄で、兄・覚馬は、嘉永六年、ペリーが黒船を率いて浦賀にやって来た時、会津藩江戸屋敷勤めとなり、当時、佐久間象山から西洋の兵制と砲術を学んでいます。その兄から洋銃の扱いを受けた八重は、娘時代に、近代兵器である洋式銃を自由に操作し、白虎隊の少年にも銃の扱い方を教えていたというのですから驚きです。

会津の戦いで、女性でありながらスペンサー銃を操る八重の姿は、まさに会津のジャンヌ・ダルクと呼ばれるにふさわしいものでした。しかし、戦いには敗れたのです。

兄・覚馬と新島襄の出会い

その失意の八重が京都で新島襄に出会うのは、一八七五（明治八）年ころのことだと言われています。

当時、山本覚馬は、京都府の顧問として信頼を集めていましたが、そこにたどり着くまでには筆舌に尽くせない苦難を通っていました。

一八二八（文政十一）年、会津若松に生まれた覚馬は、江戸で佐久間象山に学び、会津藩蘭学所教授になっています。一八六四年に京都に出て、洋学所を開いて諸藩士を教えましたが、このころから、眼病を患い失明、鳥羽伏見の戦いで捕えられ薩摩藩邸に幽閉されます。その苦しみの中で、建白書「管見」を口述筆記させ、それが認められ、一八七〇年から京都府の顧問として迎え入れられました。しかし、苦難はなおも続き、脊髄損傷で歩行の自由も失い、その逆境の中で、一八七二（明治五）年に京都で開かれた第一回万国博覧会に来ていたアメリカの宣教師たちと劇的な出会いをします。

その覚馬が、キリスト教信仰に目覚めるきっかけとなったのが、一八七五（明治八）年に、宣教師M・L・ゴードンから贈られたキリスト教の小冊子『天道遡源』でした。これは、北京で伝道していた宣教師W・A・P・マーチンが中国語で書いたキリスト教文書で和訳すると「キリスト教の証拠」という意味になります。この本から覚馬が受けた衝撃は大きく、次のような言葉を残しています。

「その本は私にとっても有益だった。キリスト教について多くの疑問を氷解してくれたし、長年、私を苦しめてきた疑問をも解いてくれたのだ。若いころ、私は何とかして国家に尽くしたいと思い、そのために兵学の研究に打ち込んだ。しかし、これだけではあまりにも小さすぎると感じたので、人民のために正道敷かれることを願って法学に関心を向けた。けれども、長い間、研究と観察を重ねた結果、法律にも限界があることをさとった。法律は障壁を築くことはできても、それは心を入れ替えることはできないからだ。心の障壁がなくなるとすぐ、ひとは盗んだり、嘘をついたり、殺したりするようになる。法律は悪しき思いを防ぐことができぬ。しかし、私にも明け方の光が差してきた。今や、私には、以前には全く分からないでいた道が見える。これこそは、長い間、無意識のうちに私が探し求めてきたものなのである」

（『新島襄全集』十巻・同朋舎）


『天道遡源』を贈られた翌年、山本覚馬は、仏教の都・京都に最初のキリスト教主義学校である同志社を建てた新島襄と出会います。すでに、キリスト教に理解を示していた覚馬は、新島のキリスト教主義学校の構想を聞くと、自らが保有していた旧・薩摩藩邸の敷地を格安で譲渡、認可に向けて京都府に働きかけたと考えられます。一八七五年八月二十三日、山本覚馬と連名で新島襄は私塾開業願いを提出しています。

受洗翌日の結婚式

京都の兄を頼って来ていた八重は、そこで新島襄と出会います。

「或る日のこと、何時もの通り、ゴルドンさんのお宅へ、馬太伝を読みに参りますと、ちょうどそこへ襄が参っておりまして、玄関で靴を磨いて居りました。私はゴルドンさんのボーイが、ゴルドンさんの靴を

磨いているのだと思いましたから、別に挨拶もしないで中に通りました」（永沢嘉巳男著『新島八重子回想録』大空社）

ここで、八重が語っているゴルドンさんとは、兄・覚馬を導いていた宣教師ゴードンのことで、この宣教師宅で、八重は新約聖書の馬太（マタイ）の福音書を学んでいたことがわかります。やがて、八重はキリスト教に入信します。戦いに敗れた後、八重の心の空白を埋めてくれるものは聖書の真理以外にはなかったのです。

ところで、新島襄にとって理想の女性像とはどういうものだったのでしょうか。ある時、京都府知事の槙村正直から「あなたは妻君を、日本人から迎えるのか、外国人から迎えるのか」と聞かれたことがありました。その時の新島の答えはこうです。「外国人は生活の程度が違うから、やはり日本婦人をめとりたいと思います。しかし、亭主が東を向けと命令すれば、三年でも東を向いている東洋風の婦人はごめんです」。主体性のある女性を伴侶として求めていた新島にとって、まさに、会津のジャンヌ・ダルクはうってつけの女性でした。

八重は新島襄と一八七五（明治八）年、十月十五日に婚約、翌年一月二日に、京都で最初に洗礼を受けた人になりました。洗礼を授けたのはＪ・Ｄ・デイヴィスです。そして、その翌日、やはりデイヴィスの司式で二人は結婚式を挙げたのです。この時、新島襄三十二歳、八重三十歳でした。

第八章・銀座に「十字屋」書店を開いた元・与力

原胤昭

一八七四（明治七）年といいますから、キリシタン禁制の高札が無くなった翌年のことです。この年の十二月、東京銀座の一角では、日本で初めての大々的なクリスマス祝会が開かれていました。場所は築地にあった東京第一長老教会というプロテスタント教会です。ところが、まだ生まれたばかりの日本人信徒にはクリスマスをどうやって祝うのかが全く分かりません。教会のクリストファー・カロザス牧師からアメリカの様子など聞きながら兎にも角にも会堂にクリスマスの飾りつけをすることにしたのです。

そこに、うわさを聞きつけ、アメリカ公使館から四人の官員が見学にやって来てびっくりしてしまいます。なんと、クリスマス会場には、天井からミカンで飾られた大きな十字架がぶらさがっているではありませんか。さらに近くの新富座から借りて来たという大幕が仰々しく張られ、そこに登場したのが大小の刀を腰に付け、かつらを頭にのせた殿様風のサンタクロースだったのです。

この純日本風のクリスマスの飾りつけ、発案者は、この年の十月、カロザス牧師から洗礼を受けたばかりの原胤《たね》昭《あき》という青年でした。地元で生まれた江戸っ子の胤昭は、当時、神田明神の祭礼にもおとらぬキリスト教のお祭りをしたいと考えていたようで、その意気に感じた近所の若者たちもワイワイ飾りつけに参加したというのです。それを見たアメリカ人たちの当惑した表情が眼に浮かぶようです。

それでも、この破天荒なクリスマス祝会は大盛況でした。もちろん、教会の集会ですから賛美歌が歌われ明治のキリスト教を代表する指導者たちのスピーチもありました。ちなみに、あの宣教師フルベッキも津田仙もこの祝会に出席していました。彼らが純日本風の飾りつけをどう受け止めたか分かりませんが、いずれにしても、日本のプロテスタント教会としては記念すべき日となったのです。

さて、原胤昭という青年、なかなかのアイデアマンで彼がいなかったら、おそらく歴史に残るようなクリスマス祝会はできなかったでしょう。なにより、その動機が純粋でした。彼は自分が神の恵みによって救われた喜びを何とか日本人にも分かる形で表現したかったのです。後に、彼は、女子教育、キリスト教出版事業、釈放された囚人の救済事業などに数々の業績を残しますが、それは、与えられた神の恵みの良い管理者としての彼のあかしでもありました。

流れていた殉教者の血

原胤昭は、一八五三（嘉永六）年、ペリー艦隊が来航した年の二月、江戸町奉行与力佐久間建平の三男として生まれました。彼の父親は、家庭団欒の中で、新しく日本に来ようとしている文明の背後にはキリスト教があることを、幼い胤昭らに語り聞かせていたと言います。

十三歳で、胤昭は母方の原家の職業である「石川島人足寄場見回与力」を継ぎます。江戸町奉行は当時、南、北町奉行に分かれていましたが、この石川島人足寄場には南北両奉行所から一人ずつ隔月交替で出勤することになっていました。ちなみに、テレビドラマなどに出てくる大岡越前守は南町の奉行です。与力とは、今でいう警察官のような働きで市中の犯罪を取り締まる職務と言えましょう。与力は武士の身分で大小の刀を帯同して犯罪者の摘発に奔走していたのです。しかし、胤昭が、この職に就いたのが慶応二年ですから、与力としての働きは二年ほどで明治の新時代を迎えることになります。

父親の影響でしょうか、与力時代の胤昭は、当時、国禁だったキリスト教の書物に興味を覚えます。なにせ、ヤソを取り締まる立場にあった胤昭にとって禁書を手に入れることはそうむつかしいことではありませんでした。宮司などから漢文の『神道総論』や『天道遡源』などアメリカ人宣教師が書いたキリスト教書を借り受け熟読したのです。

胤昭が、どうしてキリスト教にそんなに惹かれたかについては、実は、彼の家系の秘密にふれる必要があります。原家の先祖に殉教したキリシタン武士がいたのです。

最晩年の原胤昭（千代田区立四番町歴史民俗資料館特別展『江戸町与力の世界』より転載）。原資料所蔵：原千恵子氏

「原主水《もんど》は下総の国今の千葉県の臼井城に生まれた。徳川方が北条氏を滅ぼした戦いの時、北条氏側についた父は領地を失った。そこで息子の主水は徳川氏に仕えるようになった。原主水は背が高く、若い時から勇猛な武者として名をはせた。一六〇〇（慶長五）年、大坂でモレホン神父から受洗したが、彼が信仰を深めたのは追放された時からである。フランシスコ会が江戸の鳥越で貧しい人々のために経営していた

病院に身を潜めながら宣教師に協力して活動した。

銀三百枚の賞金に目がくらんだ原家の元の家臣が、一六二三（元和九）年、町奉行に、デ・アンジェリス神父、原主水などの隠れ家を密告した。こうして、原主水は捕えられた。ちょうど、そのころ、徳川家光の将軍職任官を祝うために全国の諸大名が江戸に参集した。この機会をとらえ、家光はすべての諸侯にキリシタン禁令を通告、捕えた人々をみせしめとして火刑に処すよう指示した。同年十二月四日、品川において、宣教師と信徒総勢五十人が、おびただしい群衆の前で、殉教の死を遂げた。最初に一般信徒たちが殺害され、次いで二人の神父と原主水が炎の中で神に命を捧げた。信徒たちの処刑の間、後ろ手に縛られた馬上の三人は、群衆に向って説教した。これが江戸の大殉教である」

（カトリック中央協議会 公式サイトより抜粋）


胤昭が与力として働いていた時代、キリシタン禁制の高札が江戸の町のあちこちに立てられていました。殉教したキリシタン武士・原主水の末裔であることは原家の人々にとって隠さなければならない秘密だったのです。胤昭には殉教者の血が流れていました。

夜、密かに聖書を買う

明治新政府になった時、胤昭は東京市政裁判所に勤務します。しかし、新しい時代に備えさらなる学問を実地に身につける必要を感じた胤昭は、一八七三（明治六）年、二十二歳の時、横浜へ行き英学を学ぶため私立高島学校へ入りました。

そこで、アメリカから来た宣教師のジェームズ・バラやR・S・マクレイ、そしてS・R・ブラウンなどとの出会いがありました。原はマクレイの宣教師宅に招かれることもありました。彼は外国人に積極的に近づき、キリスト教の核心をつかもうとします。そのため、闇に紛れて、夜、こっそりとヤソの本を売っている本屋を訪れることもありました。その時の様子を胤昭は、面白おかしく軽いタッチで次のように書いています。

「本屋は堤太郎と言い南太田で、当時は港内の埋立てで道路普請の最中、其の端しばたに店がある。ポリスが見るとおこるから、夜の暗い時に買いに往けと教えて呉れた。私は嬉しかったから其夜直ぐに校舎から入湯に往くと出入り口の婆阿ァに断って外出した。太田の近くは海土がドロドロで、並べてある板や材木で漸く歩ける一本橋を渡って、やっと本屋の前に出た。堤という本屋は、今でも、私の記憶に印象して居るが、馬鹿に間口の広い低い屋根の店であった。此頃では、まだ、ヤソの本を安心して売って居ないから、店も早く締めて居た。買いに往く此方も何やら薄気味が悪かった。世間はまだ中々物騒だった。それで、各店頭は早く戸を締めて、忍び窓といって三寸四方漸く手首の這入る位の穴をあけ、落とし蓋のやうな小板を上から、ガチンと落として締めたものだ。その窓の側に口を寄せて、本を売っておくれと呼びかける。中から窓の蓋をあけて、一寸お客の容子を見た。私は声を潜めて『山手の異人館で、聞いて来た。

ヤソの本がありますか』。本屋は答えて『あります。一分です』。一分は一両の四分の一で竪長四角の白銀で、当時最も多く流通して居た銀貨幣だ。それを窓に入れると其手掌へ本を握ませた。本は半紙判で相応に厚い。グルグル巻いて呉れた窓の穴から引っ張り出した。これで先づ和訳聖書が手に入ったのだ。私は恰も鬼の首でも取ったかの気合で頗《すこぶ》る嬉しかった。大切に懐に入れて元と来た渡り板を見付けてよろりよろり歩んだ」。

（『植村正久と其の時代』佐波亘編・教文館）

この時、胤昭が手に入れた聖書は、一八七二（明治五）年に発刊された『新約聖書馬可傳 全』で、アメリカの宣教師のヘボンとブラウンが、奥野昌綱の助けを借りて翻訳したマルコの福音書でした。一八七三（明治六）年二月にはキリシタン禁制の高札が撤去されたとは言え、聖書を手にするにも、このように注意深くしなければならない時代だったのです。胤昭は、地元の築地の外人居留地にキリスト教会ができたことを知るや、横浜を離れます。一八七四（明治七）年の

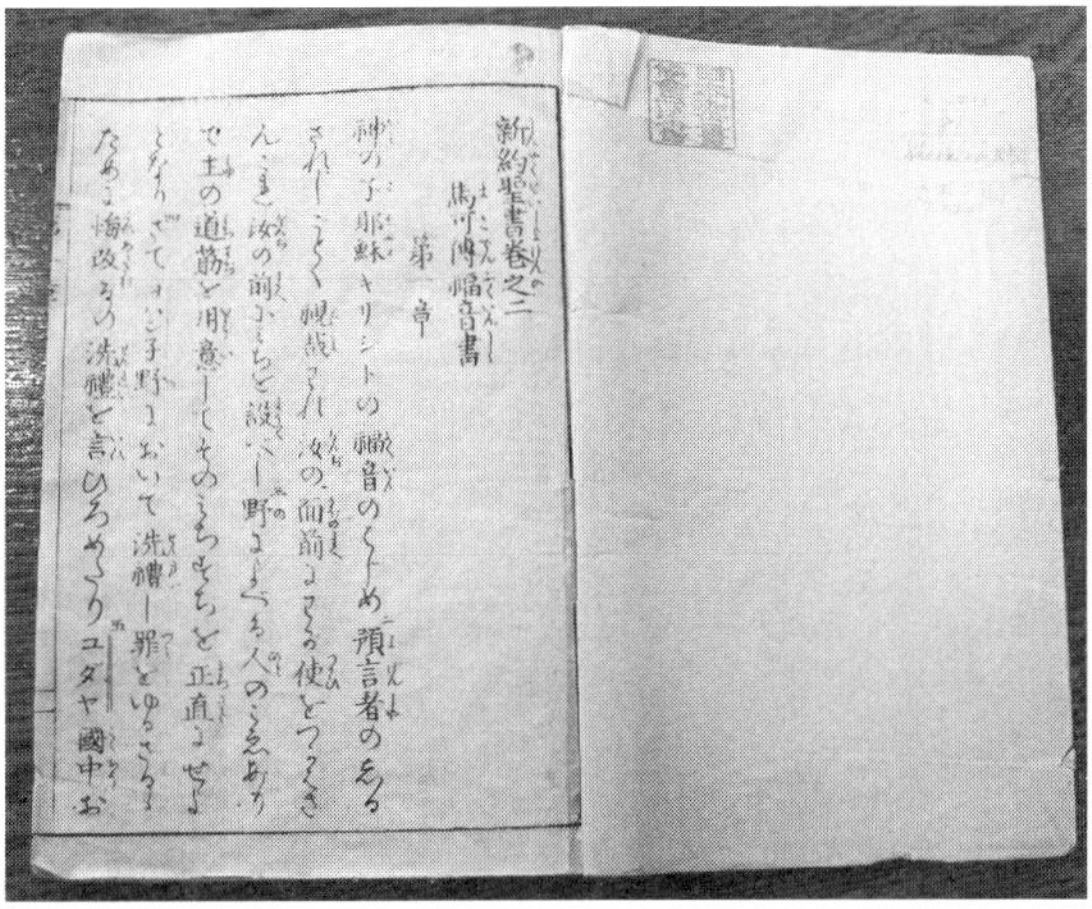

『新約聖書馬可傳』ヘボン - ブラウン訳　米国聖書会社によって1872（明治5）年に横浜で発行された。70p、天地24cm。日本聖書協会・聖書図書館所蔵

春のことでした。

原胤昭がキリスト教の洗礼を受けたのは一八七四（明治七）年の十月十八日のことでした。普通、日本人が洗礼を受ける場合、宣教師の人となりが大きく影響するものなのですが、胤昭の場合、必ずしもそうではありませんでした。洗礼を授けてくれたカロザス牧師は、主義主張を譲らないかなりの頑固者で人付き合いが悪く、胤昭による人物評価も「野卑な且つ武骨な人物」と手厳しいものです。それでも、胤昭は、この日本語も十分に話せない牧師から信仰の指導を受けます。

「原さん、エスになる、政府縛ります、逃げるか、エス止めるか、……原さん、エス止めなければ、政府あなたの首切ります、エス止めるか」

こう尋ねられた胤昭は、「大事のためなら腹を切り、首をかけるのは本懐である」と応じたのでした。

胤昭は、カロザス牧師が、築地の他の宣教師たちから孤立していたことも理解していました。それでも、胤昭は同牧師を支え続けます。妥協せず主義主張を通す牧師の姿勢を胤昭はむしろ長所として受け止めたのです。

人の魅力によって入信したのでなくキリストに直接結びついた信仰があったからこそ、この胤昭の献身が生まれたと見るべきでしょう。

原胤昭は、牧師の道を選ばず、生涯一人のキリスト教信徒として、日本の女子教育の草分けとも言える原女学校（現在の女子学院の前身の一つ）を設立、銀座三丁目にはキリスト教書店「十字屋」を開店しました。ところが、店名がキリスト教の十字架を表すということで、看板を下ろせと警察や東京府庁から撤去命令がきたのです。しかし、胤昭はそれに応じませんでした。ちなみにこの「十字屋」は、後に桑田繁太郎へ経営権が移り、現在も楽器店「十字屋」として銀座に残っています。それらの事業にかかる莫大な費用は、江戸の風物を描いた錦絵を印刷、海外に輸出して得た収益で賄いました。

しかし、原胤昭が、歴史に名を留めるとしたら、生涯をかけて取り組んだ出獄人保護の働きや教誨師として囚人の心に寄り添う奉仕をした故ではないでしょうか。それは、自らが、冤罪とは言え政治犯として石川島刑務所へ三カ月間収監された時、そこで、劣悪な囚人たちの扱いの現実を見たことに起因します。

政治犯として逮捕、投獄されたとは穏やかではありませんが、福島で起こった自由民権運動家たちの不当な逮捕を告発する目的で、この「福島事件」を錦絵で製作、その内容が政府批判と取られ、胤昭自身が捕らえられたのです。

胤昭は、社会に復帰しても出獄人を待っている社会の冷たい現実が、その家族にも及ぶことを知り、監獄改革という救済活動に立ち上がります。一八八四（明治十七）年から、教誨師の道を歩き始めた胤昭は、一八九一（明治二十四）年に、北海道・集治監獄の教誨師に任じられ、十二年間北海道で働き、明治三十年に帰京後、東京出獄人保護所「原寄宿舎」を創設したのです。

これは、前に紹介した坂本直寛とも共通します。直寛もまた、石川島監獄に拘禁され、その劣悪な環境を体験して、後半生を監獄伝道に捧げました。

第九章・少年よ大志を抱け

W・S・クラーク

筆者が小学校六年のころ、それは、一九五〇年代のはじめに当たりますが、切手収集に夢中になったことがありました。その時、出会ったのが、十八人の明治時代に活躍した文化人を記念して発行された、いわゆる「文化人切手」です。そのなかで、新島襄、内村鑑三、新渡戸稲造などといった偉人の名を初めて知ったのです。ですから、これから、紹介する人物たちには、なぜか切手の匂いと共になつかしさを感じてしまいます。

さて、新島襄にはその歴史的点描を試みましたが、明治維新の教育や思想に大きな影響を与えた人物として新渡戸稲造と内村鑑三を無視することはできません。先ほどの「文化人切手」には、文学の世界からは森鷗外、正岡子規、夏目漱石などがおり、芸術関係では、狩野芳崖、菱田春草《しゅんそう》、岡倉天心などの名が見えます。そして、教育・思想分野として、先の三人と、福沢諭吉と西周が登場しています。

実は、福沢諭吉については最後の章で紹介したいと願っていますが、まずここでは、内村と新渡戸という思想界の二大巨頭が生まれた背景の話から始めたいと思います。

新島襄がアメリカのアマースト大学でウィリアム・エス・クラーク博士と出会ったのが、一八六七（慶応三）年のことでした。この時、新島はクラーク博士から植物学を学んでいます。クラーク博士はこの年、マサチューセッツ工科大学の第三代学長に就任してアマーストを去りますが、新島襄との出会いは日本に対する関心を高めるきっかけとなったようです。

一八七二（明治五）年、北海道開拓に必要な人材を養成する目的から、札幌農学校が、開拓使仮学校として東京・芝にある増上寺境内に設立され、一八七五（明治八）年には、札幌学校と改称、同年八月には札幌に移りました。一年後、これが札幌農学校と改称されます。もっとも、農学校といっても、農学の他、地質学、測量学、土木学、それに英語や心理学などの講座もあり、幅広い知識を持った人材の育成を目指していました。

そこに、クラーク博士は、一年間の期限で、教頭として赴任します。当時の開拓使長官の黒田清隆から駐米公使へ札幌農学校の教頭推薦の正式な依頼があり、マサチューセッツ工科大学学長のクラーク博士が適任者として推薦されたのです。

横浜で五十冊の聖書購入

一八七六（明治九）年六月二十九日に横浜に着いたクラーク博士は、さっそく、横浜にあった洋書を売っている書店で、五十冊もの革表紙の英語の聖書を購入しています。これから赴任する札幌農学校で、どんな事態が待ちうけようとも、この聖書の真理だけは学生たちに伝えたいというのが、クラーク博士の本心でした。その証拠に、函館に行く船の中で同行した黒田清隆長官に道徳も教えて欲しいと要請された時、クラークは「私にとっての道徳は聖書です。学生に聖書を教えます」と応え、黒田長官をあわてさせています。

船中で、道徳教育に関し様々な議論が二人の間でなされたようですが、結局、聖書を教えることは認められないが、それを不問にするということで落着、言葉通り、クラークは、学校に着任すると、賛美歌を歌い祈ることから授業を始め、全学生に聖書を贈呈したのです。そして、日曜日にはバイブルクラスを開き、キリスト教の核心を生徒に伝えました。

クラーク博士と言えば「少年よ大志を抱け」という、惜別の言葉が有名ですが、札幌農学校の開校式での演説でも、大志と言う言葉を使っています。

「多年、暗雲のような東洋諸国民を覆っていたあの階級制度や、また因襲という束縛から、これら諸国民を自由にしたこの驚くべき解放（明治維新）は、これより本校で教育を受けようとする学生諸君の胸中に、おのずから高遠な大志を呼び起こすであろうと信じている」

あまりに有名になった「少年よ、大志を抱け」と言う言葉です。いつしか様々な伝説が生まれるようになりました。曰く、実際に、クラークが言ったのは「少年よ、キリストにあって大志を抱け」だった云々。ただ、当時、クラークとの送別の場にいた学生たちからはそのような証言は出ていませんから、この話は謎のままです。とは言え、「キリストにあって」が、クラークの本心であったことは確かでしょう。

ウィリアム・S・クラーク肖像画（北海道大学附属図書館所蔵）

在任わずか八カ月でしたが、クラーク博士は札幌農学校の第一期生に衝撃的な影響を与えました。特に、学生たちの有志に署名を求めた「イエスを信ずる者の契約」は、その内容がプロテスタント教会の信仰告白文かと見間違うほど、聖書の真理の核心をついているものです。

この英文の歴史的文章の現物は、今、札幌独立キリスト教会に保管されていますが、大島正健、伊藤一隆、佐藤昌介ら第一期生のほとんどの名の英語のサインが、そして、クラークが去った後に入学した第二期生の太田(新渡戸)稲造、内村鑑三ら七名の名前も英語のサインで残っています。この英文の誓約書はほどなく、日本語に訳され人々の目にとまるようになりました。左の訳文は明治十年代の文語体をもとに、読みやすく書き直したものです。

〈イエスを信ずる者の誓約〉

下に署名する札幌農学校の学生は、キリストの命に従いて、キリストを信ずることを告白し、且つキリスト信徒の義務を忠実に尽くして祝すべき主即ち十字架の死を以て我等の罪をあがない給いし者に、我等の愛と感謝の情を表し且つキリストの王国拡がり、栄光現われ、そのあがない給える人々の救われんことを切望する。故に我等は今後キリストの忠実なる弟子となりて、その教えを欠くることなく守らんことを厳かに神に誓い且つ互いに誓う。

我等は適当なる機会来る時は、試験を受けて受洗し、福音主義の教会に加わらんことを約す。

我等は信ず、聖書は唯一直接天啓なる教導者なることを。

我等は信ず、至仁なる創造者、正義なる主権者、最後の審判者なる絶対無限の神を。

我等は信ず、凡て真実に悔い改めて神の子を信じ、罪の救いを受くるものは、身を終わるまで聖霊の導きを受け、天父の思慮深き顧りみを蒙りて、遂に贖われたる聖徒となり、其の喜びを受け、其の業を勤むるに適いたる者とせらるべし。されど、凡て福音を聞きて信ぜざる者は、必ず罪に亡びて神の前より永久に退けらるべきことを。

次に記する誡めは、我等如何なる辛酸を嘗むるとも終生之を覚え、之に従わんことを約す。

汝、精神を尽くし、力を尽くし、意を尽くし、主なる汝の神を愛すべし。又、己の如く汝の隣を愛すべし。

汝、生命あると生命なきとに拘わらず、凡て神の造り給えるものに象りて彫みた

荒野に拓かれた札幌の町に札幌農学校が誕生した。写真は「札幌区全景」。1879（明治12）年撮影。北海道大学附属図書館所蔵

る像若しくは作りたる形を拝すべからず。

汝の神エホバの名をみだりにいうべからず。

安息日を覚えてこれを聖日とせよ。この日には即ち凡て急を要せざるすべての業績を休み、勉めて聖書を研究し、己の徳を樹て、その他潔き生活のために用ゆべし。

汝の父母と有司とに従い、且つこれを敬うべし。

詐欺、窃盗、兇殺、姦淫若しくは他の不潔なる行為をなすべからず。

汝の隣を害すべからず。

断えず祈るべし。

我等は互いに相扶け相励まさんがために、この誓約により一個の団体を組織し、これを「イエスの信徒」と称し、我等処を同うする間は毎週一回以上共に集りて聖書或いは宗教に関する他の書籍雑誌を読み、若しくは宗教上の談話をなし、また相共に祈　会を開くことを誓約す。希くは聖霊我等の愛の励まし、我等の信を堅くし、我等を真理に導きて救を得るに至らんことを。

一八七七年三月五日　於札幌　　　　ウィリアム・S・クラーク

この「イエスを信ずる者の誓約」に若者たちは、強制でなく自由意思で署名したと言われていますが、果たして、この内容を理解した上で署名した学生は何人いたのでしょうか。第一期生は、クラーク博士の人格にふれ尊敬の念を持って接していたにちがいありません。それだけに、尊敬する先生が勧めてくれるのだからと署名した青年がいても不思議ではないでしょう。もちろん、この誓約文に真理を発見、信仰を持って署名した学生もいました。

しかし、クラーク博士が去った後に札幌農学校に入学した学生の中には、署名するに当たり心に葛藤を覚えた人もいたのです。

内村鑑三もその一人でした。日本古来の神仏を敬ってきた鑑三にとって、非寛容とも見えるキリスト教の誓約書です。当然、そこに心の相克があっても不思議ではありません。自伝の中で、鑑三は、最後まで抵抗したが、遂には先輩たちの熱心にねじ伏せられて署名した、といった内容の言葉を残しています。

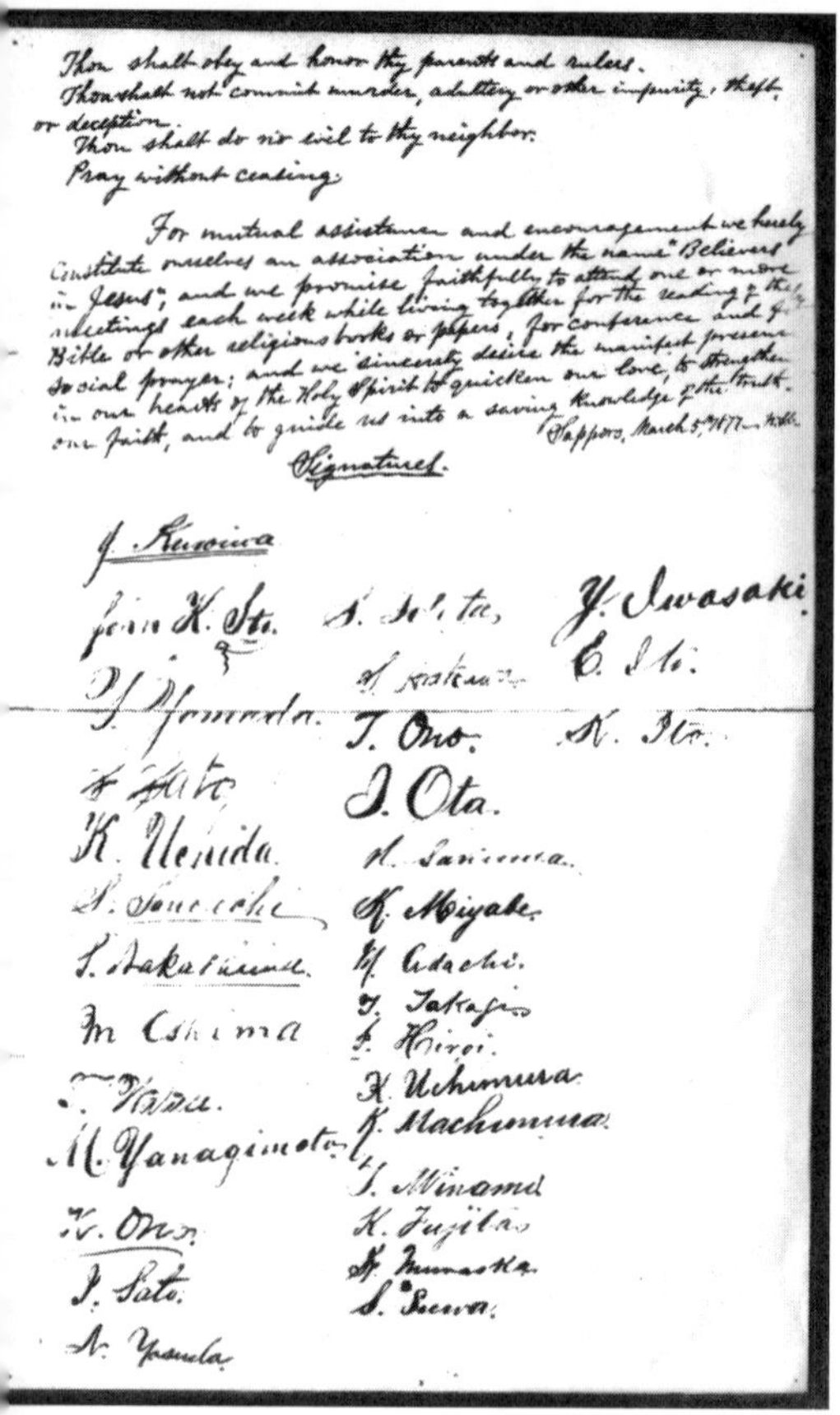
Thou shalt obey and honor thy parents and rulers.
Thou shalt not commit murder, adultery or other impurity, theft, or deception.
Thou shalt do no evil to thy neighbor.
Pray without ceasing.

For mutual assistance and encouragement we hereby constitute ourselves an association under the name "Believers in Jesus"; and we promise faithfully to attend one or more meetings each week while living together for the reading of the Bible or other religious books or papers, for conference and for social prayer; and we sincerely desire the manifest presence in our hearts of the Holy Spirit to quicken our love, to strengthen our faith, and to guide us into a saving knowledge of the truth.

Sapporo, March 5th 1877

Signatures.

Y. Iwasaki
C. Ito
K. Ito
T. Ono
I. Ota
K. Uchida
K. Miyake
M. Oshima
K. Uchimura
M. Yanagimoto
T. Minami
K. Fujita
I. Sato

それでも、その内村

「イエスを信じる者の誓約」にはクラーク博士の教え子たちの直筆サインが書かれている。サインの真ん中の列、下から6番目に内村鑑三のサインが読みとれる。札幌独立キリスト教会所蔵

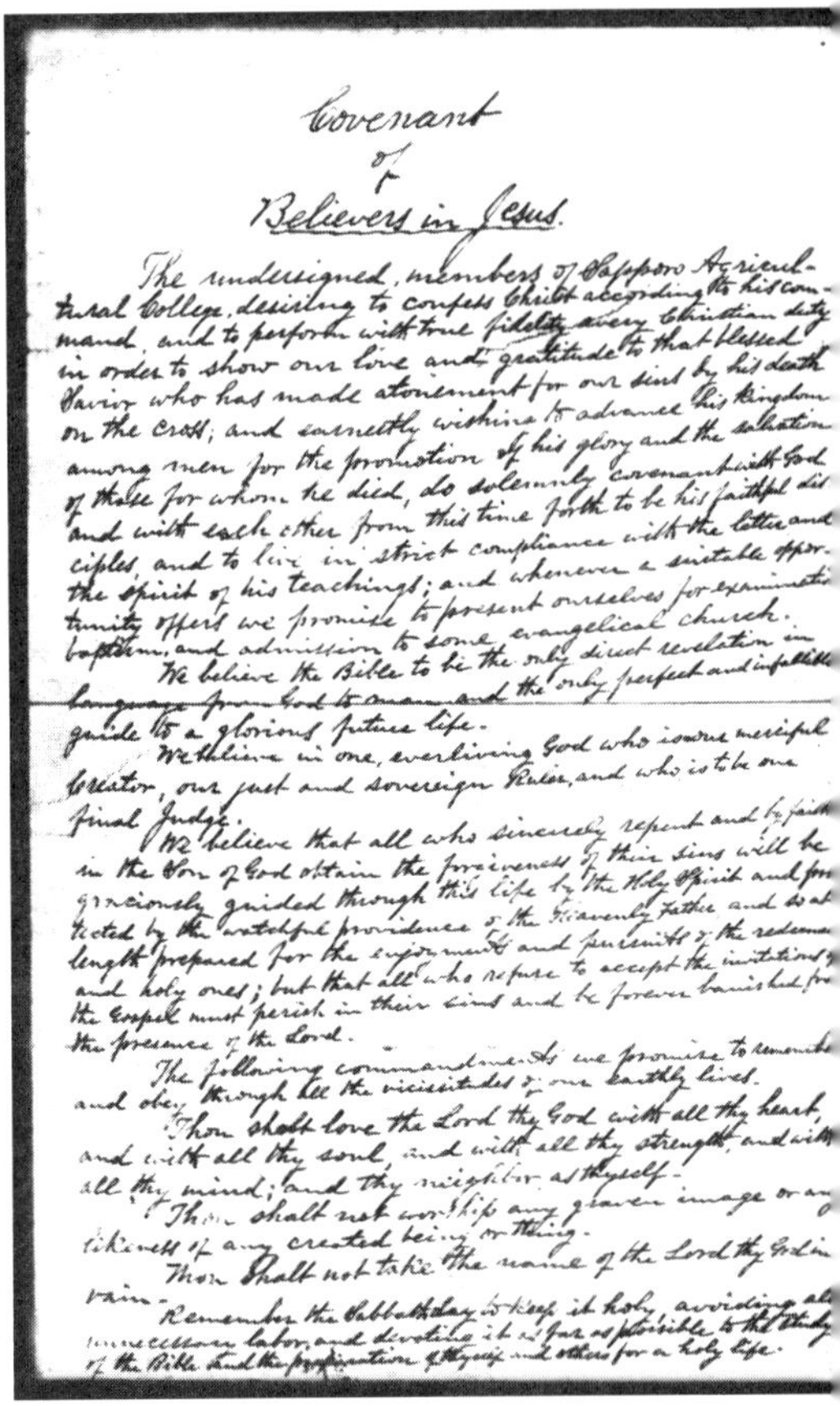

Covenant
of
Believers in Jesus.

The undersigned, members of Sapporo Agricultural College, desiring to confess Christ according to his command, and to perform with true fidelity every Christian duty in order to show our love and gratitude to that blessed Savior who has made atonement for our sins by his death on the cross; and earnestly wishing to advance his kingdom among men for the promotion of his glory and the salvation of those for whom he died, do solemnly covenant with God and with each other from this time forth to be his faithful disciples, and to live in strict compliance with the letter and the spirit of his teachings; and whenever a suitable opportunity offers we promise to present ourselves for examination, baptism, and admission to some evangelical church.

We believe the Bible to be the only direct revelation in language from God to man, and the only perfect and infallible guide to a glorious future life.

We believe in one, everliving God who is our merciful Creator, our just and sovereign Ruler, and who is to be our final Judge.

We believe that all who sincerely repent and by faith in the Son of God obtain the forgiveness of their sins will be graciously guided through this life by the Holy Spirit and protected by the watchful providence of the Heavenly Father and so at length prepared for the enjoyments and pursuits of the redeemed and holy ones; but that all who refuse to accept the invitation of the Gospel must perish in their sins and be forever banished from the presence of the Lord.

The following commandments we promise to remember and obey through all the vicissitudes of our earthly lives.

Thou shalt love the Lord thy God with all thy heart, and with all thy soul, and with all thy strength, and with all thy mind; and thy neighbor as thyself.

Thou shalt not worship any graven image or any likeness of any created being or thing.

Thou shalt not take the name of the Lord thy God in vain.

Remember the Sabbath day to keep it holy, avoiding all unnecessary labor, and devoting it as far as possible to the study of the Bible and the preparation of thyself and others for a holy life.

鑑三が、後に札幌農学校出の人材のなかでは最も聖書を学び、聖書に通じ、聖書を教える人生を貫くわけですから本当に分からないものです。

第十章・イエスを愛し日本を愛す

内村鑑三

内村鑑三と言えば、文化人切手に出てくる口髭を生やした端正で凛々しいその顔だちを思い浮かべてしまいます。子ども心にも印象深い〝偉い人〟だったわけです。

しかし、鑑三が、高崎藩の没落武士の子どもとして生まれたことを知った時には、武士は食わねど高楊枝、という言葉がふと浮かんできました。事実、鑑三の父親は藩に仕える下級武士でしたから、明治になって非情にも断行された全国の藩士二十万人の大量解雇に引っかかり、リストラされています。ですから、鑑三が経済的負担の少ない札幌農学校に行かざるを得なかったというのもうなずけます。幼い日に経済的困窮を体験した人は、その人生になんらかの影響を受けると言われますが、晩年、鑑三の身近にいた長男祐之氏の夫人は、確かに、鑑三はケチというのでないが出費を細かくつけて無駄遣いをしない人だったと語っています。武士の血が流れているせいでしょうか、自分のものは質素に、困った人には必要とあらば散財を惜しまなかったのが鑑三だったと言うのです。

内村鑑三（写真提供：国立国会図書館）

内村鑑三は、一八六一（文久元）年、上州高崎藩士内村金之丞宣之、妻ヤソの長男として、江戸小石川鳶坂上の藩邸内に生まれました。高崎藩の江戸中屋敷は現在の文京区真砂町にありました。

鑑三が若き日の姿を書いた自伝に『余は如何にして基督信徒となりしか』(『現代日本思想大系・第五』亀井勝一郎編・筑摩書房/以下※10・1)があります。驚くことには、鑑三はこれを英文で書いています。明治の思想家たちは欧米の文化の吸収に情熱を注ぎましたから、その伝達手段である英語能力は現代人が考える以上に高かったと言えます。

さて、この自伝の中に、父親から受けた儒教の影響についてこう書かれています。

「藩主には忠義を、親と師には忠誠と尊敬とを、これがシナ道徳の中心題目である。東洋の道徳によれば、親の横暴や圧制さえ、すなおに忍ばねばならなかった。危機存亡の場合には、主君のために、おのが生命をちりほどにも軽く考えねばならない。彼の最も高貴な死所は主君の馬前であり、おのが屍が君の馬蹄にかけられることは、彼にとって無上の栄誉であった」

鑑三はこれらの儒教の教訓は、多くの自称クリスチャンらに授けられ、またいだかれている教訓に比べ、少しも劣るものではないとさえ書いています。これは、あとで登場する新渡戸稲造が『武士道』で書いていることとどこか共通する考え方ではあります。しかし、問題は、当時の日本人が、このような、自分が仕える者のためには命さえ差し出すという高い道徳律を学びながら、本当に崇めるべき絶対者が誰であるかが分からず迷信にとらえられていたということでしょう。

「過ぎこし方を回想する時、おろかな迷信によって懸命にささえられながら、霊魂の暗黒の下を手さぐりまわっていたあのころの思い出ほど、大きな屈辱の念を私の胸に呼び起こすものはない。私は信じていた。

しかも、心から信じていた。無数の神社の一つ一つにそれぞれ神が住んでいて、各自の管轄区を油断なく守り、その神の不興を買う者は、誰にせよ、たちどころに罰せられるということを。それらの中でも、私が最もあがめ尊んでいたのは、読み書きと手習いとの神であった。私は毎月の二十五日に、正式に、潔斉供物をささげて、その神を祀った。私はその偶像の前にぬかずいて、習字が上達し暗記力が増すように祈った。そのほかに、米作をつかさどる神がいた。この神と人間との間の使い走りをするのは白狐である。この神には、われわれの家を火事と盗難から守りたまえと祈ることができた。わが家は父がるすがちで、母と私だけのことが多かったので、貧しいわが家をそうした災難から守りたまえと、私は絶えずこの神に祈った」（※10・1）

当時の鑑三は、神社に大変義理堅かったと見え、どの神社にも欠かさずお参りをしていたようですが、ときには、それが煩わしくなり遠回りして社祠の数の少ない方の道を取り、良心の呵責を逃れようとしたこともありました。ですから、鑑三がキリスト教に出会い、もう、神社をいちいちお参りに回らなくてもいいようになった時は、その解放感は実に大きかったと書いています。

反発する青年・内村鑑三

内村鑑三が、キリスト教に触れたのは、十四、五歳のころ、東京外国語学校で英語を学んでいたころに、築地の外国人居留地にあった教会を訪れたのが始めだったとされています。

一八七七（明治十）年、十七歳で、札幌農学校生徒募集に応じ、太田（新渡戸）稲造、宮部金吾らと共に、第二期生として札幌へと出発しますが、そこには予期せぬ出会いが待っていました。「少年よ大志を抱け！」という言葉を残してクラーク博士が、札幌の地を離れてほどなくのことです。札幌農学校の学生寮に、夜、東京から到着した鑑三たちを待ち受けていたものは、第一期生たちの、キリストを伝えたいと熱く燃える伝道スピリットでした。考えてみれば、事情を何も知らない鑑三たちにとって、これは迷惑な話です。自伝のなかで、鑑三の戸惑いぶりが目に見えるようです。

「……上級生の全部は、すでにキリスト教に回心していた。赤ん坊くさい新入生にたいする二年生の権柄ずくの態度は、世界中いずこも同じであるが、そのう

明治27年ころの築地居留地・海岸通り。洋館や電信柱,ガス灯の並ぶ居留地は、時代の最先端の風景だったことだろう。十字架のある教会も見える。東京・中央区立京橋図書館所蔵

えにさらに、新しい宗教的熱情と布教の精神とが加わる時、あわれな新入生の受ける印象がどんなものとなるかは容易に想像できるであろう。彼らはストームによって、新入生を回心させようと試みた。しかし、この新入生の中に一人だけ、ただに、二年生の突撃の一斉襲撃を食い止めるのみか、反対に、彼らをもとの信仰に再回心させることができると考えている者があった。しかし、ああ！　周囲の勇士たちはつぎつぎに陥落して敵に降伏しつつある。私はただひとり、異教徒、忌むべき偶像信者、度しがたい木石の崇拝者として残されてしまった。あの時は、自分が追い込まれた窮境と心細さを、私は今でもよく覚えている」（※10・1）

このあと、鑑三は、みじめな思いで、郊外のある神社に詣でています。キリスト教を撃退する力が欲しかったのです。そこで、鎮守の神に向って、学校内の新しい宗教熱を速やかに消し止め、邪神を捨てることを頑として拒む輩を罰し、今、自分のささえている愛国の大義に関する小さき努力を助け給えと祈ります。しかし、当然のように鎮守の神からの答えはありません。

彼は、重い気持ちで、寄宿舎へと戻り、上級生たちによって、「むりやり」に「イエスを信ずる者の誓約」に英語のサインをするよう迫られます。

ところが、サインを強要されたと思った鑑三でしたが、このあと不思議な心の変化が現われたのです。

「……この新しい信仰のもたらす実際上の利益は、たちまちはっきりとあらわれた。私はそれを撃退しようと全力をつくしていたころにさえ、すでに、それに気づいていたのであるが、宇宙には唯一の神がいますのみで、私が昔信じていたような多くの神々――八百万以上の――はいないということを、私はここで教えられ、このキリスト教的一神教が、私のすべての迷信を根底から断ち切ったのである。

神々にかつてささげたすべての誓い、神々の怒りをなだめる種々の形式の拝礼は、この唯一の神を信ずることによって今や無用のものとなった。しかも、私の個性と良心とは、『そうだ』とそれに答えるのである！」（※10・1）

キリスト教を説明するうえで、創造論と贖罪論《しょくざいろん》という考えがあると言われています。大変、むつかしい内容のように思えますが、創造論とは、聖書に出てくる唯一の神が世界のすべてを創造され人間を始めすべての被造物はその愛の支配の下にあるという教えです。

新島襄が初めて、キリスト教にふれた時、天啓のように分かったことは、この創造論の奥義でした。鑑三もまた、宇宙には唯一の神がおられることを発見したのです。それは、理性で理解したというより、意志で見えざるキリスト教の神に心傾けた時に起こった内なる変革と言えるかも知れません。

後に、鑑三は、強制的に「イエスを信ずる者の誓約」（一〇六頁参照）にサインしたことも、実は、唯一の神の導きだと知るようになります。鑑三にとって、宗教とは、自らの努力で上を目指すものでしたが、キリスト教との出会いは、むしろ、上から神の恵みが降り注ぎ、人はそれを信仰で受けとめるだけでよいのだと教えてくれたのです。とはいえ、鑑三にはさらなる信仰の成長が必要でした。

ルビコン川を遂に渡る

「ルビコン川はこうして永久に渡られた。われわれは新しい主人たるキリストに忠誠を誓い、われわれのひたいには十字架のしるしが刻まれた。いざ、この後は、地上の主君のために教えられてきた忠誠の念をもってキリストに仕え、王国また、王国と征服しながら進んで行こう」（※10・1）

これは、クラーク博士の要請で函館から来たM・C・ハリス宣教師に鑑三が洗礼を授けられた後に書いた心境の一部です。かつて、ローマ帝国のシーザーが、ルビコン川を渡ることを人生最大の決断の時と考えたことになぞらえて自らの信仰の決意を表明したのです。この時には、新渡戸稲造も同じように宣教師ハリスから洗礼を受けています。一八七八（明治十一）年六月二日のことでした。

これら武士の子弟たちは、この時から、藩主ではなくキリストを人生の主人として仕えていく決断をしたのです。しかし、内村鑑三の前途にははげしい心の葛藤の日々が待っていました。

さて、ここで内村鑑三を日本の思想界を代表する人物として高く評価する評論家・亀井勝一郎の言葉を紹介しておきます。これは鑑三を理解する上で、筆者自身が目が開かれる思いがした文章でもありました。

「これは私の持論だが、〝思想とは何か〟と問われた時、私はいつも次のように答えることにしている。神あるいは仏と対決して、それを信じるか信じないか、いずれにしても神あるいは仏に対する自己の精神的位置を決定するための持続的な戦いが、思想形成の根本であると。信、不信、あるいは懐疑のゆえの心の戦いなくして、どんな思想が可能だろうか」

「しかし、我々の精神史において、この種の戦いはほとんどみられない。無神論と自称している人はいても、よくたずねてみると宗教についてはは無知無関心である。聖書をただの一度も読んだことのない無神論者などありうるだろうか。教会制度への政治的批判だけではたりない。根本は聖書との対決なのだ」。

「現代の日本には、さまざまに説明し解釈する評論家や学者は多いが、ただひとりの思想家もいないと言われる根本の原因は、肝心のこの点でわれわれが空白だからである。私が内村鑑三から離れえない最大の理由も、彼がこの点で〈彼の場合は肯定だが〉非妥協的な戦いをつづけたからである」。

「私の言いたいことはこうだ。つまり、明治以後における西洋文化の享受において、キリスト教を信ずるにせよ否定するにせよ、それに直面して、自分の心に問いただすといった態度のなかったところに、それ以後の日本の思想の脆弱さがあったのではなかろうか」（以上四か所、※10・1）

鑑三はまさに、聖書の真理に迫ろうと格闘します。一八八三（明治十六）年、東京に帰った年の四月二十二日の日記には「深く過去の罪を悔い、自分自身の努力で自分自身を救うことの全く不可能なことを痛感した」という言葉が残されています。キリスト者になったとはいえ罪の問題は彼をずっと苦しめていたのです。

精神障がい者施設で働く

一八八四（明治十七）年、彼は日本を離れ、アメリカの慈善事業を学ぶべく、私費で渡米します。それは、最初の結婚に破れ、その深い傷を背負っての罪を贖《あがな》うための旅でもありました。キリスト者になったとはいえ、彼の心は空虚でした。心の平安もありませんでした。

アメリカ旅行への彼の期待は大きいものでした。キリスト教国で信仰の息吹に触れたかったのです。彼が最初に働きを始めたのは、ペンシルベニア州にある児童の精神障がい者の施設でした。そこで看護人として働きます。アメリカに来る前の彼は明治政府の官吏でしたが、急転して一介の看護人になる決意をしたのには、その奉仕に意味を見出したからではありません。彼は正直に、当時のアメリカ行きの動機を自伝のなかでこう語っています。

「この手段を選んだのは、世間がこの方面における私の奉仕を必要とすると思ったからではない。まして、職業として、それを求めたのではない。ただ、〝来たらんとする怒り〟から逃れる唯一の避難所として、そこを選び、そこで、自分の肉を屈伏させ、霊的の清浄に達し得るように訓練して天国を継ぎたいと考えたのである。それゆえ、私の動機は自己本位だった」（※10・1）

鑑三は、この働きの場でも、神からの平安を得ることができませんでした。この時代をわが暗黒の記録というように、鑑三には光が見えなかったのです。しかしやがて、彼の心の暗闇が晴れる時がやって来ます。それは、アマースト大学の学長シーリー博士との出会いがきっかけでした。ここでも、人生は出会いで決まるという言葉が現実となりました。

「しかし、それらの教授にまさって、私を感化し変化させたのは、尊敬する学長その人だった。礼拝堂で彼が立ち上がり、賛美歌を指示し、聖書を読み、祈るだけで、十分だった。私はこの尊敬すべき人を一目見たさに、一度として礼拝をさぼらなかった。彼は神を信じ、聖書を信じ、また、あらゆることをなしとげる祈りの力を信じていた。私としては、彼のすみきった、響き渡る声を聞くだけで、その日の戦いに充分な備えをすることが出来た。

神はわれらの父にいましたまい、われらが神を愛する以上の熱意をもってわれらを愛したもうこと、神の恵みは宇宙に満ち満ちているから、われらはわれらの心を開くだけで、神の満ちあふれる恵みにおどり入っていただくことができること、神のほかには誰一人としてわれらをきよめ得るものはないのに、われらがみずからきよくなろうと努力するそのことがすで

駆け足人物伝

内村鑑三（一八六一～一九三〇）

上野国（群馬県）高崎藩士の長男として江戸の藩邸内で生まれた。十七歳の時、札幌農学校で「イエスを信ずる者の誓約」に署名。一八七八（明治十一）年、ハリス宣教師より受洗。一八八七年、アメリカに留学、精神障がい者施設で働いた後、アマースト大学に入学、学長のシーリーとの出会いで回心を体験、その後、ハートフォード神 ☞

に誤りであること、真に自己を愛する者はまず第一に自己を憎み、自己を他人に与えねばならぬから、利己主義は実は自己嫌悪であること等々。信仰にあつい学長は、これらの貴重な教訓を、その言葉や行為で教えてくれた」（※10・1）

鑑三は、シーリー博士に会って以来、自分を圧していた闇の力がゆるみはじめるのを感じます。「お前は罪人だ！」と彼を告発する声が次第に消えていったのです。

「私は自分が天国への道をたどりつつあるのを発見した。しかし、私がつまずかなくなったからではない（私は今でも絶えずつまずいている）。主が恵み深くましますこと、また、神がわが罪を彼の聖子（キリスト）によって消し去りたもうがゆえに、その聖子にたよる私は、永遠の愛から離れることがないことを、今や、知るにいたったからである」（※10・1）

かつて、新島襄は、アメリカを訪れた欧米使節団の代表の一人に、キリスト教を日本建国の方便とするのでなく、キリストの真理を真理として受

☞学校に入学するが失望して一年で退学。帰国後は、新潟北越学館に赴任するが宣教師団と衝突、学校を辞して帰京。一八九一（明治二十四）年、第一高等中学校に在職中、教育勅語奉載式場にて敬礼不十分の態度をとがめられ、不敬漢、国賊として非難追及され職を失う。以後、言論人として『国民之友』『万朝報』などで、時代への警世文を次々と発表。一九〇〇（明治三十三）年、『聖書之研究』創刊。プロテスタント教会とは

け取ってほしいと警告しました。聖書の人である内村鑑三にとって、キリスト教は方便ではありませんでした。彼は、キリストこそ人類をその罪から救うメシヤ（救い主）であるという聖書の贖罪論の奥義を、愛する祖国・日本で、預言者のように叫び続けました。

政治家でも社会事業家でも教育家でもなく、ただ聖書を講義するキリスト者であった内村鑑三が、近代日本の中で、今も、その生命力を失わない思想家として注目され続けているのは、考えてみれば、実に不思議なことと言わなければなりません。ＪＥＳＵＳ（イエス）とＪＡＰＡＮ（日本）という二つのＪ。彼はこの二つのＪを愛し続けて、その生涯を終えたのです。

袂を分かち無教会を標ぼうし聖書講演会を東京を中心に定期的に開始。一九〇三（明治三十六）年には日露戦争非開戦論、戦争絶対反対論を『聖書之友』『万朝報』に発表。政治家でも社会活動家でもなかったが、その聖書を土台とした人生論や社会評論は二十世紀初頭の日本の言論界に大きな影響を与えた。

第十一章・われ太平洋の架け橋とならん

新渡戸稲造

明治維新以来、日本の近代化の途上で多くの先覚者が現われましたが新渡戸稲造は、その国際性からいっても最も注目すべき一人でしょう。

新渡戸は、学者としては日本農業史、農政学、植民政策などを専攻し、農学博士、法学博士の学位を受け、東京大学、京都大学教授となりました。国際人としては、一九一九（大正八）年から八年間、国際連盟事務次長として世界平和のため尽くし、晩年は、日米間の平和実現に全精力を傾注しています。教育家としては、札幌農学校から始まり、東大、京大で教壇に立ち、東京女子大では学長に就任、その学生に与えた人格的感化の大きさは注目に値すると言われています。

ここで新渡戸稲造の生い立ちを探ってみると、内村鑑三のそれより、もっと悲惨な状況にあったことに驚かされます。

一八六二（文久二）年九月一日、現在の岩手県盛岡市に南部藩士新渡戸十次郎の三男として生まれた稲造ですが、曾祖父で兵法学者だった新渡戸維民《これたみ》は藩の方針に反対して僻地へ流され、祖父傳《つとう》も藩の重役への諫言癖から昇進が遅く、御用人にまでのぼりつめた父・十次郎もまた藩の財政立て直しに奔走したことが裏目に出て蟄居の身となり、失意のあまり病没しています。

後の、国際社会で活躍する紳士然とした新渡戸稲造の姿からは想像もできないほどの苦労を幼年時代に味わっていたのです。

あだ名は「アクチーブ」

稲造は一八七七（明治十）年に、札幌農学校に第二期生として採用され、内村鑑三らと共に東京を離れますが、この農学校時代の稲造は、かなりの硬骨漢として知られていました。たとえばこんな話が伝えられています。

ある日のこと、学校の食堂に張り紙が貼られ、「右の者、学費滞納に付き速やかに学費を払うべし」と稲造の名前がありました。その時、稲造は「俺の生き方をこんな紙切れで決められてたまるか」と叫び、その紙を破り捨ててしまい退学の一歩手前まで追い詰められます。友人の必死のとりなしで何とか退学は免れますが、ことほどさように、反抗的で熱く

新渡戸稲造
（国立国会図書館蔵）

なる性格だったのです。つけられたあだ名が「アクチーブ」、活動家と言う意味ですが、現代ではさしずめ過激派というところでしょうか。

聖書の学びでも、すんなり信じるというより懐疑的で、しばしば同期生と論争したと言われています。しかし、「イエスを信ずる者の誓約」にサインした後の稲造は一変します。

学校で喧嘩が発生した時など、「キリストは争ってはならないと言った」と仲裁に入り、同僚から、信仰的な議論を持ちかけられても、「そんなことより、聖書を読みたまえ。聖書には真理が書かれている」と一人、聖書に読みふけったと言います。そこで、つけられたあだ名が「モンク（修道士）」、これは、内村鑑三が考え出したあだ名だったとか。

エリートコースを歩む稲造

札幌農学校を卒業してからの、内村鑑三と新渡戸稲造の進路は大きく分かれて行きます。一八八四（明治十七）年、鑑三が失意の中にアメリカへ旅立ち、精神障がい者施設の看護人として働きはじめたころ、稲造の方は、東大での学びを終えアメリカのジョンズ・ホプキンス大学に留学します。さらに、三年後には、ドイツのボン大学で農政学を研究、一八九一年に、メリー夫人を伴って帰国した稲造は、母校・札幌農学校教授に就任、六年間、教壇に立ちます。

一方、そのころの鑑三はと言えば、稲造が帰国した年の一月、当時、第一高等中学校で教鞭をとっていましたが、教育勅語奉載式での敬礼不十分のゆえに、いわゆる「第一高等中学校不敬事件」を起こし、国賊として非難追及され職を失います。さらに、この時期、再婚した妻を病いで失うという苦難の中にありました。しかし、苦難ゆえに神の慰めもまた大きく、『基督信徒の慰』『求安録』など後世に残る名著をこの時期に出しています。

さて、エリートコースを歩む新渡戸稲造でしたが、一九〇〇（明治三十三）年に世に問うた『武士道』の出版は、英文で書かれたため日本の精神を世界に知らしめる大きなきっかけとなりました。キリスト者である彼が、一見、異質な人生規範と思われる『武士道』研究になぜ手を染めたのか。ここに、大変興味深いエ

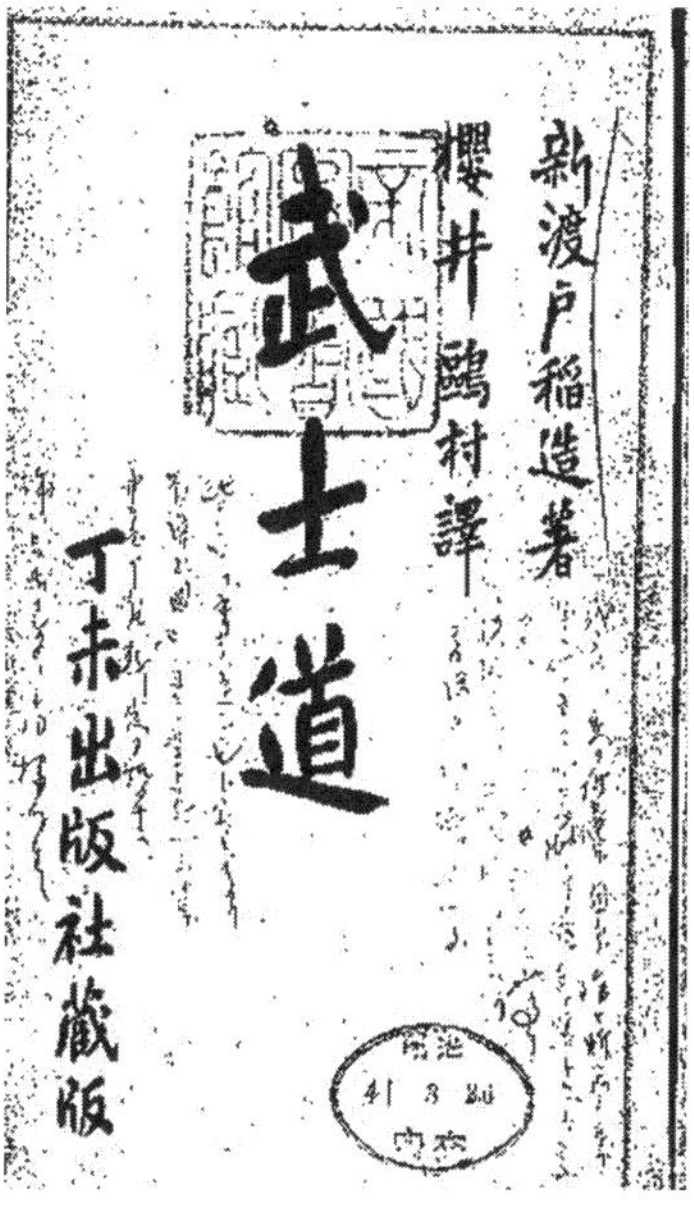

当初は英語版で発行された『武士道』だが、後に日本語訳も登場した。
写真は明治41（1908）年発行のもの。国立国会図書館蔵

ピソードがあります。

それは『武士道』が世に出る十年前のことでした。

ある日、新渡戸は、著名なベルギーの法学者ラブレー氏の家で歓待を受けました。その時のことです。二人は、散歩をしながら談笑し、話題は宗教の話になったのです。稲造が、日本の教育カリキュラムには宗教教育がないと言った時のラブレー氏の驚きは大きなものでした。

「宗教がないとは、いったいあなたがたは、どのようにして、子孫に道徳教育を授けるのですか」。とても信じられないというふうに氏はそう繰り返しました。この著名な法学者の反応に稲造は愕然としたといいます。そして、その疑問に即答できなかったのです。

この時の、にがい体験が、新渡戸稲造を「武士道」研究へと駆り立てたのです。なぜなら、日本では子どものころ、善悪の観念を生みだすものが、実は武士道であることに気がついたからです。稲造にとって、人が歩むべき正しい道は学校で学んだのではありませんでした。武士の子弟として、生活の中で「武士の道」を子どもながらに会得し、物事の善悪の基準もそこからいつしか学んでいたというわけです。

駆け足人物伝

新渡戸 稲造（一八六二～一九三三）

南部藩士の子どもとして、盛岡・鷹匠小路に生まれる。一八七三（明治六）年、東京外国語学校に入学。四年の学びの後、札幌農学校第二期生で入学、「イエスを信ずる者の誓約」に英語でサイン、内村鑑三らと共にハリス宣教師より洗礼を受ける。卒業後は、開拓使に勤めるが、ほどなく東京大学選科生になり一年後には退学、渡米してジョンズ・ホプキンス大学に入

『武士道』を読んで驚かされたことは新渡戸の文章のうまさです。元々、英文で書かれたものの訳文ですから翻訳者の質の高さによるのでしょうが、それにしても、『武士道』というほとんどの現代人には未知の世界を、分かりやすく、しかも味わいのある表現で垣間見せてくれているのです。

しかし、『武士道』の元になる教えの多くは中国から来た仏教や儒教の教えであるはずです。キリスト者としての新渡戸は、それを評価するにあたり戸惑いはなかったのでしょうか。

全体を読んでみて思ったことは、この日本という土壌に育った『武士道』という花は、それが、異教の教えを背景にしているからと言って、捨てて枯らしてしまうにはあまりに惜しいという新渡戸の強い感慨です。『武士道』は、真理ではないとしても、真理契機として学ぶことがいっぱいあるのではないか、という新渡戸の思いが伝わってくるのです。

日本特有の義理と言う概念

たとえば、私たちがなにげなく使っている「義理」と言う言葉。その意

学、続いて、ドイツのボン大学で農政学を学ぶ。一八九一（明治二十四）年、帰国後は札幌農学校教授になる。一九〇〇（明治三十三）年、病気療養中のアメリカで『武士道』を英語で執筆。帰国後、京都大学教授、第一高等学校（東京大学教養学部の前身）校長、東京女子大学学長を歴任。新島襄との関係で同志社理事にもなっている。一九二〇（大正九）年、いよいよ国際舞台に立ち、国際連盟事務次長に就任。六年間務めた。

味するところを、筆者もこの本で初めて知りました。

新渡戸は、武士道の光り輝く最高の支柱として「義」を解説していますが、そこから派生し、我々が、日常生活で使っている「義理」という概念について『武士道』の中でこう解説しています。

「私は義から派生したあるものについて語ってみよう。……つまり、ここで私は〈義理〉について述べようとしているのである。これは、文字通り、〈正義の道理〉なのである。しかし、それは、しだいに世論が果たすべき義務と、世論が期待する漠然とした義務感を意味するものになってしまった。……ここで、父母、目上もしくは目下の者、大きくは社会一般などに対して負う〈義理〉のことについて述べる。これらの場合、〈義理〉は疑いもなく義務である。というのは、〈正義の道理〉が、私たちになすことを要求し命じていること以外、いったい、どんな義務が私たちにあるというのだろう。

……たとえば、親に対する行為においては愛情が唯一の動機である。だが、万一、愛情をもてなくなったときには、親に対して、孝養を命じる何か別の権威が必要である。そのような事実から義理は生まれたのだと思う。そ

駆け足人物伝

勝海舟（一八二三〜一八九九）

江戸本所に生まれる。若い日、島田虎之助から剣術を学び、永井青崖から蘭学を学び二十八歳で蘭学の塾を開く。その後、薩摩藩藩主島津斉彬のもとで翻訳の代筆を請け負い、斉彬は老中・阿部正弘に海舟を紹介、ここでも翻訳の仕事をした。一八五三（嘉永六）年、ペリー来航の折には、江戸湾防備策「海防意見書」を出し、ここで海軍建設の急務を説いている。一

して、人々はこの権威を〈義理〉のなかに定式化した。……だがそれは、道徳における第二次的な力である。というのは、義理は動機付けの要因としては〈律法〉とされているキリスト教の愛の教えに、はなはだ見劣りするからだ」

（新渡戸稲造著『武士道』奈良本辰也訳・解説、三笠書房）

日本の国民全体にある共通の折り目正しさはまぎれもなく武士道の遺産である、と新渡戸は語ります。これには異論もあるでしょうが、新渡戸は確かにそう思っていたのです。ところが、このあとで、「しかし、その反面日本人の欠点や短所もまた、大いに、武士道に責任がある」と言うのです。その欠点とは何でしょうか。新渡戸は言います。

「日本人が深遠な哲学を持ち合わせていないことは、武士道の訓育にあたっては形而上学の訓練が重視されていなかったことにその原因を求めることができる。……日本人の感じやすく、また、激しやすい性質は私たちの名誉観にその責任がある。そして、外国人がしばしばとがめるように、日本人は尊大なまでの自負心を持っている。というのであれば、これもまた

八五五（安政二）年、長崎に海軍伝習所ができると入所、オランダ人の教師から航海術などを学んだ。海舟三十三歳の時で、このころから海舟は開国論者となった。一八六〇（万延元）年、遣米使節団のリーダーとして咸《かん》臨《りん》丸で太平洋を横断、三十七日間の航海の後、サンフランシスコに着いた。現地では、日曜日ごとに人に誘われプロテスタントの教会に出席したという。帰国後、四十歳で軍艦奉行に選ばれた。一八六七（慶応三）年、将軍慶喜が☞

名誉心の病的な行き過ぎによるのである」（同右）

本来の武士道は平和主義

新渡戸稲造は絶対平和主義者として知られています。彼がアメリカで属していたクエーカー派のキリスト教の集会では男性信者の多くは良心的兵役拒否を表明していました。ですから、戦いの勇者としての武士の生き方と彼の平和に関する考えは矛盾するのでは、と思っても不思議ではありません。

この点について、『武士道』の中の「刀―なぜ武士の魂なのか」の章で、大胆にも、「武人の究極の理想は平和である」と強調して、勝海舟の物語を紹介しています。

☞ 大政奉還するも、新政府側は徳川幕府を倒すため西郷隆盛を参謀に薩摩・長州などの兵を引き連れて江戸に向かった。そこで、海舟と西郷は話し合い、江戸城無血開城となった。キリスト教への関心は強く、東京の自邸を耶蘇教講義所として開放した。

「彼は旧幕時代のある時期、ほとんどのことを彼一人で決定しうる権限をゆだねられていた。そのため、再三、暗殺の対象に選ばれていた。しかし、彼はけっして、自分の剣を血ぬらせることはなかった。……海舟は語っている。『私は人を殺すのが大嫌いで、一人でも殺したものはないよ。みんな逃がして、殺すべきものでも、マアマアと言って放っておいた。……刀でも、ひどく丈夫に結わえて、決して抜けないようにしてあった。人に斬られても、こちらは斬らぬという覚悟だった』（海舟座談）。これが、艱難と燃えさかる炉の中で武士道の教育を受けた人のことばであった。よく知られる格言に『負けるが勝ち』というものがある。この格言は、真の勝利は、暴徒にむやみに抵抗することではないことを意味している。また、『血をみない勝利こそ最善の勝利』とか、これに類する格言がある。これらの格言は、武人の究極の理想は平和であることを示している」

（新渡戸稲造著『武士道』奈良本辰也訳・解説、三笠書房）

かつて、「我れ、太平洋の架け橋とならん」と語った新渡戸でしたが、晩年は、日本とアメリカの間に挟まれ苦悩の日々を送ります。日本が国際連盟を脱退し、軍国主義思想が高まる中、「我が国を亡ぼすものは共産党と軍閥である」との発言が新聞紙上に取り上げられ、軍部や右翼の激しい反発を買い、多くの友人が去っていきます。また、反日感情を緩和するためアメリカに渡り、日本の立場を訴えても理解してもらえず失意の日々を送ります。

一九三三（昭和八）年秋、アメリカの地で逝去。それは、信仰の友内村鑑三が、東京で七十年の地上の生涯を終えた時から数えて三年後のことでした。

第十二章・一万円札のあの人の話

福沢諭吉

一万円札にその肖像画が印刷されているのですから、我々にとって、明治維新の偉人の中で福沢諭吉ほどポピュラーな人物はいないのかも知れません。

二〇〇八（平成二十）年は彼が建てた慶応義塾が創立百五十年を迎え、翌年には、東京で福沢諭吉展が開かれています。近年、「天は人の上に人を造らず、人の下に人を造らず、といへり」（『学問のすゝめ』より冒頭の言葉）という歴史的に有名な言葉を残した福沢諭吉の再評価がなされているのは、かつてないほどに我が国を閉塞感が覆っているせいなのかも知れません。

福沢諭吉展に行って感動したことがありました。それは、最初の展示コーナーに、あの『ひびのをしへ』（日々の教え）の実物があったからです。今で言うなら、B五判くらいの小冊子です。綴じられた和紙に諭吉直筆のひらがながていねいにしるされています。これは、福沢諭吉が、当時の二人の息子たちの道徳教育にと、自らその内容をまとめた手作りの教習書ともいうべきもので、いかにも手づくりという感じで父親の温もりを感じさせます。

問題は、その内容です。これが書かれたのが一八七一（明治四）年と言いますから、諭吉は、すでに、慶応義塾を創立、明治を代表する教育者としての道を歩み始めていました。翌年には『学問のすゝめ』を刊行しています。

キリスト教排撃論者と言われていた福沢諭吉が子ども達に『ひびのをしへ』の中で記しているものの一部、それは驚きの内容だったのです。

「てんとうさまをおそれ、これをうやまい、そのこころにしたがふべし。ただしここにいふてんとうさまとは、にちりんのことにあらず、西洋のことばにてごっどゝいひ、にほんのことばにほんやくすれば、ざうぶつしゃといふものなり」。

「世のなかには父母ほどよきものはなし。父母よりしんせつなるものはなし。父母のながくいきてじゃうぶなるは、こどものねがふところなれども、けふはいきて、あすはしぬるもわからず。父母のいきしにはごっどのこころにあり。ごっどは父母をこしらえ、ごっどは父母をいかし、また、父母をしなせることもあるべし。てんちばんぶつなにもかも、ごっどのつくらざるものなし。こどものときよりごっどのありがたきをしり、ごっどのこころにしたがふべきものなり」。

(白井堯子著『福沢諭吉と宣教師たち』未来社／以下※12・1／傍線編集部)

諭吉がこの『ひびのをしへ』を書くにあたって聖書を参考にしたのは明らかでしょう。「ごっど」は英語でGODのことで、聖書に出てくる神をさしています。そして、その神は天地万物を創造した造物主で人格があり、人はその神のみこころに従って生きるべき存在であることを子ども達にわかるように教えているのです。

維新前後の国際情勢の中で、福沢が、列強キリスト教国の進出によって、日本が植民地化されるのではないかと恐れていたことは事実です。この危機意識と国を守らねばという強い信念が、諭吉をキリスト教排撃へと向かわせたのであり、福沢諭吉は、必ずしも、キリスト教の土台とも言える聖書の真理そのものを排撃したわけではなかったのです。

『ひびのをしへ』は、子どもを対象にした文章で、しかも、内輪の話ということで、福沢諭吉研究の分野では軽視されがちな資料です。しかし、かけがえのないわが子への教えだからこそ、そこに諭吉の本心が見えるような気がしてなりません。我が子に、一番良い果実を与えたいと思うのが親心というものではないでしょうか。

福沢諭吉
（写真提供：国立国会図書館）

福沢諭吉自身はクリスチャンではありませんが、『ひびのをしへ』を学んだ長男一太郎は、成長して、アメリカのキリスト教主義学校のオベリン大学に留学、そこでキリスト教の洗礼を受けています。また、三女の俊、四女の滝もクリスチャンとなり、特に（志立）滝は、東京女子青年キリスト者会（ＹＷＣＡ）の会長を二十年にわたり務めました。その孫の代になるとさらに多くのクリスチャンが福沢家から出ているのです。また、諭吉の二人の姉もキリスト信者でした。それを考えると、信者でない福沢諭吉の聖書教育（？）は本人の預かり知らぬところで不思議にもいくつかの花を咲かせたと言えるのかもしれません。

宣教師ショーとの交友

さて、福沢諭吉のキリスト教との関係を宣教師との交友という面で見てみたいと思います。

一八七二（明治五）年の五月から、アメリカの長老教会宣教師クリストファー・カロザスは、約一年間にわたり、慶応義塾で英語教師として教壇に立ちました。聖書の真理を何とか日本の若者に伝えたいと願っていた宣教師にとって、これはまたとないチャンスです。カロザスは、授業の時間外に聖書の講義を試み、日曜日には、東京にあるキリスト教会に塾生たちを誘っています（ちなみに、カロザスは、原胤昭を導いた宣教師としても知られています）。

当時、まだキリシタン禁制が解けてはいませんから、一般の教育機関で聖書を教えるなどというと大問題になります。ところが、この時、塾長の福沢諭吉は、これについて何も言いませんでした。

それどころか、カロザスが任期を終え慶応義塾を去ったのと入れ替わるようにやって来たイギリスの宣教師アレクサンダー・クロフト・ショー（英国聖公会）を、子どもたちの家庭教師として迎え入れたのです。

一八七三（明治六）年九月二十五日に宣教師仲間のライトと共に横浜に着いたショーは、慶応義塾の近くにあった大松寺に五カ月間、滞在します。

このあと、二十八歳のショーと三十九歳の諭吉が、どのように出会ったかは分かりませんが、来日の翌年には、大松寺のショーの元に、福沢家の子どもたちが英語を習いに行っており、福沢は、同年四月に、ショーを三年間、子どもたちの家庭教師として雇い入れるという届けを東京府に提出しています。

驚くことは、福沢は、雇い入れたショーのため自分の家の隣に西洋館を新しく建て、さらに、両家の間に橋をかけ、お互いが行き来できるようにしたことです。この橋は〝友の橋〟と呼ばれました。この宣教師のための建物は、今は残っていませんが、場所は三田の慶応義塾内の福沢公園と呼ばれているあたりです。

ショーは、この素敵な建物のなかで福沢家の子どもたちに英語を一日、二時間も教えるようになります。やがて福沢は、ショーに慶応の塾生にも教えるよう要請します。ここでも、カロザスがそうであったように、ショーが塾生に聖書を教えることを諭吉は容認するのです。当時の状況を後に、ショーは次のように母国の宣教団体に報告しています。

アレクサンダー・クロフト・ショー宣教師（写真提供：日本聖公会）

「私は、すでにお話したように例の日本人の所に住んでおり、これからも、できるかぎりずっとこれを続けるでしょう。ミスタ・フクザワは、日本の教育面でたくさんのことをなした人です。彼の名前はおそらく日本で他の誰よりも広く知られています。そこで、彼と結びつきをもつことは、他では与えられないような立場を私にもたらせてくれるのです。さらに加えて言えば、私は、彼がここにつくった大きな学校でも教えることができるようになりました。この学校には、日本全国からやってきた約三百人の少年たちがいて、彼らは良家の子弟なのです。この学校で、私は一週に二度クラスをもっており、そのクラスに約十四人の少年たちがモラル（実際はキリスト教）を学びに来ます。彼らのなかで、キリスト教についてさらに詳しく学びたい少年たちのために、一週に二度夜のクラスをもっているのです。そのなかの二人か三人は、私の判断によれば、心からの信者であり、神の働きによって、遠からず私が彼らに洗礼を授けるようになるだろうと信じています」

（一八七五年八月三十日付の英国の宣教本部への手紙／※12・1）

この手紙を書いて三カ月後、すなわち、一八七五（明治八）年のクリスマスに、八人の日本人がショーから洗礼を受けています。そのうちの三人は慶応義塾に学ぶ生徒で、中に、のちに憲政の神様と言われた尾崎行雄がいたといわれています。

失意のショーを慰める諭吉

世間には、キリスト教排撃論者と見られていた福沢諭吉とショー宣教師の交友は、実に不思議と言うほかない人間関係なのですが、独身時代のショーは、福沢家の温かい環境のなかで活動を続けています。

しかし、海外宣教師にとって、彼を派遣している宣教本部とのやり取りは、時に深刻なトラブルをもたらすこともありました。ショーの場合、それは結婚問題だったのです。

聖職者が終生独身制を取るのはカトリックの場合ですが、ショーが英国で属していた聖公会では牧師の妻帯は認められていました。特に、未知の宣教地へ遣わされる宣教師にとって、人生の目的と価値観を共有できる伴侶に出会うことは絶対に必要な条件でもありました。しかし、ショーの結婚問題に彼を派遣した宣教本部は難色を示したのです。ロンドン在住のミス・カテルと婚約したショーは、彼女が宣教師である自分に伴侶として最もふさわしい女性であることを、宣教本部に訴えます。ところがそれに対し、本部は援助でき

1889（明治22）年発行の『東京景色写真版』に掲載された「慶応義塾大学福沢先生居宅の遠景」には、左手に日本家屋、右手に瀟洒な洋館が見える。写真提供：国立国会図書館

ないと応えたのです。
その時、ショーの心の支えになったのは福沢諭吉でした。ショーはそのあたりの事情を本部に書簡で報告しています。

「私の結婚に、宣教団体の本部のメンバーが異議を唱えているのは残念です。しかし、私は、こんなにも純粋に個人的な問題に委員会が干渉するのは、一瞬たりとも許しません。私は、日本に住んでいる自分にとって、何が良いことで、何が有益なのかを、ロンドンに住んでいる委員会のメンバーの誰よりもよく判断できると思っています。……日本において他の誰よりも知的な影響力を広く与えているミスタ・フクザワは、私の結婚の話を聞いて暖かく祝福してくれました。彼は、次のように言ってくれたのです。『神に捧げられた結婚生活は、他の何よりもあなたの仕事にとって意味を持つことになるでしょう』と」

（一八七五年八月六日付の英国本部への手紙／※12・1）

この福沢の言葉通り、ミス・カテルは、誰からも愛される宣教師夫人となりました。結婚後、牧師として働いていた夫を支えるのはもちろん、慶応義塾に新しく赴任した女性宣教師ホアと協力して貧しい人々の救済活動にも活躍します。

当時、ショーと親交のあった大学教師ホイットニーの娘クララは、その日記に「ショー夫人はかわいくて、小鳥のような方だ」と書いています。クララはあの勝海舟の息子と結婚したクリスチャンのアメリカ人女性です。

「キリスト教の友」と呼ばれ

このように、ショーと諭吉の交友は、建前ではなく本音の付き合いだったことが分かります。しかし、世間にはキリスト教排撃論者として知られる福沢との交友を良く思わないキリスト教関係者もいたのです。

それでもショーは、二十五年間も、福沢との交流を続けます。そこには、福沢をキリストに導きたいという宣教師としての使命感があったことは確かでしょう。実は福沢の盟友で、明治のキリスト者を代表する一人、津田仙にとっても、福沢の回心は秘かに抱えている祈りでもあったようです。

ちょうど、英国に帰っていたショー宛てに書いた津田仙の手紙は、その辺の事情にふれているのです。

「あなたは日本にいた時、ミスタ・フクザワという人間に、特に、彼が宗教的に正しく生きることに、大変関心をお持ちでした。私は彼の友人のひとりとして、彼のことについて書きたいと思います。あなたが、日本にい

駆け足人物伝

福沢諭吉（一八三四〜一九〇一）

一八三四（天保五）年、大坂堂島にあった中津藩蔵屋敷で生まれる。一八五四（安政元）年、日米和親条約が締結されたこの年、蘭学を学ぶため長崎へ。翌年、大坂にある緒方洪庵の適塾へ入門。一八五八（安政五）年、藩の命令で江戸へ出て、藩主奥平家の屋敷に蘭学塾を開く。これが、慶応義塾のルーツで、二〇〇八（平成二十）年が慶応義塾創立百五十周年とな

た時、ミスタ・フクザワは、あらゆる意味で、キリスト教を敵対視していましたね。最近、彼の考えに大きな変化が起こったのです。彼は、キリスト信徒になったのではありませんが、彼は、キリスト教に好意的になったと宣言したのです。私はそれを知り、彼の友人として大変うれしく思いました。

彼の持つ影響力、彼の地位は、キリスト教の発展に大きな助けになるでしょう。私は彼が完全にキリスト教に入信することを願い祈ります。それは、あなたも同じでしょう。あなたは、この話に関心をお持ちになるだろうと思います。どうぞ、彼の入信を祈ってください。ここに私は、この問題について、ミスタ・フクザワが書いた新聞の社説を送ります。どうぞ、これをお読みになってください。彼の変化を見るのは、この上なく楽しいことです。彼をクリスチャンとは呼べませんが、キリスト教の友、と呼ぶことはできるでしょう」

（一八八四年七月二十二日付の津田仙からの手紙／※12・1）

ここに出てくる、新聞の社説とは、一八八四年（明治十七年）六月六日と七日の「時事新報」に福沢が書いた社説「宗教もまた西洋風に従わざる

る。一八六〇（万延元）年、咸《かん》臨《りん》丸で渡米、帰国後、幕府の外国方に雇われる。一八六二（文久二）年、遣欧使節団に随行して、ヨーロッパ各地を回り、ロシアのサンクト・ペテルブルグでは、サンクト・ペテルブルグ帝室図書館でグーテンベルク聖書を鑑賞。一八六八（明治元）年に正式に慶応義塾と塾名を決める。一八七五（明治八）年、『文明論之概略』刊行。一八七九（明治十二）年、日本学士院の前身である東京学士院の初代会長に就☞

を得ず」を指しています。この社説で、福沢は、キリスト教を一時的とはいえ排撃したことは誤りであったと自己批判し、日本の国も独立の地位を保つためにはキリスト教という欧米文明国と同じ色の宗教を盛んにすることが必要だと述べています。

「我人民が耶蘇教を信ずるは、其精神の一部を挙げて之を外国の宗旨に託するものにして、形体もまた随て之に属し、自から護国の気力を損ぜざる可らずとの説を得て、当時、之を人にも告語したることあり。……身を経世の点に置き、今の時勢に於いては退て守るの方略あるべからず。唯我れより進て大に国を開くの利益あるのみと覚悟するときは、我人民が耶蘇教を信ずるが為に内外の区別を等閑に附し、或は護国の気力を傷くるならんなどとの考は、唯之を一時の過慮なりしとして、更に今日の時勢に適するの工風なかる可らず」

「文明国間に独立するものと覚悟する以上は、文明の色相に蔽われて其国を保護するの外なかる可し。単に此主義より観察すれば、人間交際上最も有力なる宗旨の如きも、欧米に盛行するものをして我国に行はれしめ、我国をして耶蘇教国の仲間に入社せしめ、東西同一の色相を呈して共に文明の苦楽を与にするの策を定るは、今の経世上に一大要事ならん

任。一八八二（明治十五）年、『時事新報』発刊。一八九〇（明治二十三）年、慶応義塾に大学部を設け、文学、法律、理財の三科を置く。教育者としての新島襄を高く評価、その死去に際し『時事新報』紙面で「真の独立の士」とたたえた。一九〇一（明治三十四）年、持病の脳出血症が再発して死去。享年六十七歳。

と信ずるなり」（一八八四〈明治十七〉年六月六日、七日付時事新報／※12・1）

一八八五（明治十八）年、福沢が時事新報で自己批判をした時から一年が経っていました。この年、若い時からリウマチという難病に苦しめられていたショー宣教師は、伝道旅行の途次、体を休めるためたまたま立ち寄った長野県の軽井沢で、その美しい自然に魅了されます。森の中から鳥の声が聞こえ、あくまでも水清く、澄んだ空気は疲れたショーの体をやさしく癒してくれました。この時、ショーはこの地を生涯の避暑地と決めたのです。それを宣教師仲間にも広く紹介したことから、軽井沢の名は日本だけでなく海外にも伝わって行きました。

日ごろ、東京・三田の慶応義塾の近くにある聖アンデレ教会の牧師として奉職する一方、夏になると、ショーは軽井沢を訪れました。そして、軽井沢の聖公会の教会で聖書の真理を人々に伝えたのでした。この木造の会堂は、今も、「軽井沢ショー記念礼拝堂」として、軽井沢町軽井沢大字六四五番地に、木立に囲まれてひっそりと建っています。

エピローグ

人生は出会いで決まると言われます。アメリカから来たオランダ改革派教会の宣教師フルベッキが、一八六六（慶応二）年に、長崎にあった佐賀藩立の英語伝習所「致遠館」で大隈重信や副島種臣に出会ったことは、後に、フルベッキが明治政府との深いつながりを持つきっかけとなりました。もちろん、それは、フルベッキが初めから願ったことではありません。彼は、ただ、聖書の真理を一人でも多くの日本人に伝えたかっただけでした。

ところが、大隈重信が仕えた佐賀藩だけでなく、薩摩藩、土佐藩などの志士たちが致遠館を訪れた結果、教師としてのフルベッキの評判は高まり、加賀藩主、薩摩藩主、土佐藩主、佐賀藩主、肥前藩主などから来藩の招請状を受けることになります。後に、これらの藩から、新しい日本を担う人材が次々と輩出するわけですから、長崎のフルベッキは、いつしか、中央政府にも注目されるお雇い外国人となったのです。

一八六九（明治二）年、東京の開成学校（東京大学の前身）の設立に尽力するよう政府から要請が来ます。その結果、開成学校の経営にも携わる教頭に任命され、同時に、明治政府の顧問としても政府の外交政策などのアドバイザーとして働くようになります。

駆け足人物伝

副島《そえじま》 種臣《たねおみ》（一八二八〜一九〇五）

佐賀藩士、明治期の官僚、政治家。第七代内務大臣。明治維新後は一八六八（慶応四）年、新政府の参与となり、一八七二（明治五）年、外務卿（外務大臣）の時には、横浜港に入港したペルー船内で奴隷として酷使されていた二百二十九人の清国人（中国人）を救うため日本で特別裁判所を設け裁判を断行、裁判は日本の勝利となり清国人奴隷は全員解放され帰国できた。これは、人権を守るためにこれは、フルベッキにとって心ならずもの任務でありアメリカの宣教師派遣団体からは苦情が出るなかでの働きとなりました。宣教師としての働きを期待する派遣団体としては、早くキリスト教の伝道に専念しなさい、と言いたくなるのも分かります。フルベッキ自身も、そうしたかったのです。しかし、見えざる手に導かれるように、フルベッキは、政府の中枢へと入ることが許され、一時的ではありましたが華族の教育にもたずさわりました。

明治政府のアドバイザーとしての任務を十年務めた後、一八七九（明治十二）年、フルベッキは完全に宣教師としての働きに復帰、旧約聖書の翻訳事業では、ヘボンらと共に翻訳委員に選ばれその翻訳の能力が発揮されます。彼が訳した、旧約聖書のなかの「詩篇」は、珠玉の訳文と言われています。

ここで、フルベッキにとって最初の弟子とも言える大隈重信のその後について少し紹介してみましょう。そこにも

1893（明治26）年発行『東京景色写真版』に掲載された「外務省」（写真提供：国立国会図書館）

できた近代日本外交における最初の輝かしい成果と言われている。

新約聖書の翻訳を目指して結成された聖書翻訳委員社中は、一八七四（明治七）年から作業を始め、一八八〇（明治十三）年に新約全巻完成させた。右は、そのメンバーの写真を集めたもの。ヘボンを中心に、フルベッキ（最上段中央）、ブラウンなどが写っている（青山学院資料センター所蔵）

実に不思議な出会いがあったのです。

一八八八（明治二十一）年七月十九日、大隈重信が外務大臣のころ、同志社大学設立資金募集の説明会が大隈外務大臣邸で行われました。この時、同志社を設立した新島襄は、湯浅治郎らを伴って出席、熱く、キリスト教主義大学のビジョンを語ったと言われています。

ところで、当時、大隈は、のちの早稲田大学となる東京専門学校を設立したばかりでした。しかし、不思議にも自分とは直接関係のない同志社に肩入れを惜しまず、同志社が大学になるために全面協力したのです。

若き日に、フルベッキから聖書の真理を学んだ大隈にとって、新島が語る聖書を土台とした人格教育を目指す同志社のビジョンは心から賛同できるものでした。なにより、大隈は教育者としての新島襄に惚れ込んでいた節があります。

この説明会には、岩崎久弥、渋沢栄一、岩崎弥之助、大倉喜八郎ら、当時を代表するそうそうたる財界人が大隈の呼びかけに応じて出席、その日だけで、合計三万一千円の資金が集まったと言われています。

これは、ずっとあとのことになるのですが、新島襄二十回忌に際して、大隈重信がこの説明会のことを回想して語った言葉が残っています。

駆け足人物伝

大隈 重信（一八三八〜一九二二）

佐賀藩士、明治新政府の政治家、早稲田大学の創設者。長崎にあった佐賀藩の英語伝習所「致遠館」で新約聖書を学び、宣教師フルベッキの影響を受けた。明治維新に際し、副島種臣と共に脱藩、大政奉還運動に加わり謹慎処分を受ける。維新後、その外交手腕を評価され外国官副知事に就任。一八八二（明治十五）年、立憲改進党を結成、東京専門学校（後の早稲田大学）を創設。その後、当時、☞

「当夜の光景は、まだ目の前に見えるようである。新島君はよほど健康を損なっておられたらしく、顔色はあおく、体は痩せて、しばしば咳いていたのが、いまだに耳に残っている。しかし、弱った病身にも鉄石のような精神がひそんでいた。新島君は、終始厳然として少しも姿勢をくずさず、何となく冒すことの出来ない風があった。主客が飲みかつ食うときに、煙草を盛んにふかしたので、室内は、煙でもうもうと霞むくらいになっていた。新島君はむろん、酒を飲まず、煙草をのまず、生理的から云っても、この煙は難儀であろうと思い、給仕に命じて窓をあけさせたことを記憶している」（志村和次郎著『新島襄と私立大学の創立者たち』キリスト新聞社）

☞最大の外交問題であった不平等条約改正に手腕を期待され黒田清隆内閣に外相として迎えられる。反対派の暴漢に襲われ辞職を余儀なくされるが、一八九八（明治三十一）年に板垣退助と憲政党を結成、わが国初の政党内閣を誕生させ総理大臣となった。

大隈重信と新島襄の何とも言えない心の通い合うエピソードです。今でも、同志社と早稲田とは学術的交流があるのを知って、やはりそうだったのかと思わされたものです。

新島襄はこの説明会から二年後、一八九〇（明治二十三）年一月二十三日、四十七年の地上の生涯を終えました。葬儀は一月二十七日に行われ、翌年、勝海舟の筆に

早稲田大学の創立者であり、総理大臣を務めた大隈重信も、フルベッキの薫陶を受けた（写真提供：国立国会図書館）

よる碑銘を刻んだ墓碑が建てられました。

　生前、新島は同志社英学校創立の四年後に勝海舟を訪ねています。そこで、聖書を土台とした新しい教育事業への協力を求めたのです。その時、「この教育事業が完成するまでに二百年はかかる」と言った新島の言葉に感動した海舟は、以来、教育者としての新島を高く評価していたと言われています。


　さて、その後のフルベッキの生涯です。意外なことに、彼には国籍がありませんでした。当然、アメリカの国籍があると思っていたのですが、宣教師として、宣教団体の意向を優先するより明治政府の要請に応えるのを優先した時期があり、それがアメリカの国籍を取るための障害になったようです。

　もちろん、日本国籍を得ることも不自然です。ただ、明治政府は、彼の功績に報いる意味で日本での永住権を与えています。しかし、彼自身は「私の国籍は天にありま

「フルベッキ肖像」。日本を愛し近代日本の国造りに尽力した生涯を象徴する姿だ（長崎歴史文化博物館所蔵）

す」と言ってはばからなかったのです。

　地上に残された十年というもの、彼は、身を粉にして日本全国にキリストの救いを伝えるため伝道の旅に出かけました。「私は書くより語る方がうれしい」と語っている彼です。各地で、聖書の真理を、たくみな日本語で語る時ほど彼の充実した時間はなかったのかも知れません。

　一八九八（明治三十一）年三月十日正午、赤坂葵町の自宅で心臓麻痺のため突然、息を引き取りました。

　三日後、日本基督教会・芝教会で行われた葬儀にはキリスト教会からはもちろん、政界、官界などから、フルベッキの死を悼む人々が多数集まりました。葬儀の中で、追悼説教をしたのは同じアメリカのオランダ改革派教会から派遣された宣教師ジェームス・バラでした。

　そして、棺は近衛儀仗兵の行列に守られて青山墓地に埋葬されたのです。

フルベッキの葬儀が行われた芝教会。写真は1888（明治21）年から1913（大正2）年まで使われていた会堂で、葬儀はこの建物で行われたはずだ。写真提供：日本基督教団 芝教会

コラム

最初の和訳聖書誕生物語

幕末維新の時代、最初に聖書の真理にふれたのは、当時の知識階級である武士たちでした。まだ、日本語の聖書がなかった時代です。彼らが手にしたのは中国から秘かに持ち込まれた漢訳聖書や、外国の宣教師から贈られた英語の聖書でした。

では、聖書が和訳され出版されるようになったのは、いつごろのことなのでしょうか。こんなエピソードが残されています。

1832(天保3)年11月4日、尾張の国(現在の愛知県)知多郡小野浦から出帆した宝順丸は、遠州灘で嵐によって遭難、14カ月漂流の後、アメリカのフラッタリー岬南方に漂着、乗組員14人のうち岩吉、久吉、音吉の3人だけが生き残りました。

彼らはアメリカ先住民に捕らえられましたが、34年5月に、船長がクリスチャンのハドソン湾会社の船に救出され、ロンドンを経てマカオへ送られたのです。

そこで彼らが出会ったのが、ギュツラフ宣教師でした。あのフルベッキが少年時代にオランダで出会い、そのメッセージに大きな影響を受けた人物です。

すでに、当時、マカオで伝道していたギュツラフでしたが、彼は日本宣教を志していました。そこで、3人の日本人漂流民から日本語を学び、1年足らずで、新約聖書の『約翰福音之伝』(ヨハネの福音書)を和訳します。もちろん、漂流民の話す日本語は間違いも多く、聖書の意味を的確に日本語に訳出したとはいえませんが、この和訳が日本語で初めて翻訳された記念すべき聖書となったのです。この聖書は1837年に、シンガポールで印刷されましたが、すぐに日本に運び込まれたわけではなく、1859(安政6)年に、ようやく、医療を通じてキリスト教を伝えようと来日したヘボン博士の手で持ち込まれました。

残念ながら、この最初の和訳聖書は日本で広まることはなく、実際に日本語聖書が本格的に普及するのは、1872(明治5)年に、ヘボン博士やブラウン宣教師らが翻訳した『新約聖書馬可伝・全』(マルコの福音書)が出てからのことです。

(なお、ギュツラフ訳の『約翰福音之伝』は、復刻版が日本聖書協会より出版されています)

〈主な参考資料〉

創立百周年記念佐賀教会史（日本基督教団佐賀教会）
植村正久と其の時代全五巻（佐波亘編・教文館）
フルベッキ書簡集（高谷道男編訳・新教出版社）
現代日本思想大系「内村鑑三」（編集・解説・亀井勝一郎・筑摩書房）
晩年の内村鑑三（安藝基雄著・文藝芸春秋）
内村鑑三全集（岩波書店・一九八〇～八四）
幕末明治耶蘇教研究（小澤一郎著・亜細亜書房・昭和十九年）
幕末史（半藤一利著・新潮社）
幕末維新・知れば知るほど（勝部真長監修・実業之日本社）
横浜開港と宣教師たち（横浜プロテスタント史研究会編・有隣堂）
クララ・ホイットニーの日記（中公新書）
津田仙（都田豊三郎著・大空社）
上野彦馬歴史写真集成（馬場章編・渡辺出版）
真理への途上・苦渋に満ちた生涯〈田中正造・原胤昭・新渡戸稲造〉（雨貝行麿著・近代文芸社）
クラーク博士とその弟子たち（大島正健著・教文館）

坂本龍馬を斬った男・幕臣今井信郎の生涯（今井幸彦著・新人物往来社）
坂本直寛自伝（土居晴夫編・燦葉出版社）
龍馬の甥・坂本直寛の生涯（土居晴夫著・リーブル出版）
人間の記録「新島襄」わが人生（日本図書センター）
新島襄全集一〜十巻（新島襄全集編集委員会編・同朋舎）
新島襄と私立大学の創立者たち（志村和次郎著・キリスト新聞社）
武士の家計簿「加賀藩御算用者」の幕末維新（磯田道史著・新潮新書）
新渡戸稲造全集・全二十三巻（教文館）
武士道（新渡戸稲造著・奈良本辰也訳・編・三笠書房）
幕末維新秘史（伊東成郎・新潮社）
岩倉使節団という冒険（泉三郎・文藝春秋）
学問のすゝめ（福沢諭吉著・伊藤正雄抜注・ＰＨＰ文庫）
近代日本のキリスト教思想家たち（鵜沼浩子著・日本基督教団出版局）
福沢諭吉と宣教師たち（白井堯子著・未来社）
福沢諭吉の宗教観（小泉仰著・慶応義塾大学出版会）
日本宣教の夜明け（守部喜雅著・いのちのことば社・マナブックス）

守部喜雅（もりべ よしまさ）
1940年、中国上海市生まれ。慶応義塾大学卒業。
1977年から97年まで、クリスチャン新聞・編集部長、99年から2004年まで月刊『百万人の福音』編集長。
ジャーナリストとして、四半世紀にわたり、中国大陸のキリスト教事情を取材。著書に『中国・愛の革命』（いのちのことば社）、『レポート中国伝道』（クリスチャン新聞）、『聖書一知れば知るほど』（実業之日本社）、『日本宣教の夜明け』（いのちのことば社・マナブックス）などがある。

聖書を読んだ
サムライたち
2010年1月20日 発行
2011年6月1日 10刷
著者 守部 喜雅

装幀・デザイン 吉田 葉子
発行 いのちのことば社 フォレストブックス
164-0001 東京都中野区中野2-1-5
編集 Tel.03-5341-6924 Fax.03-5341-6925
営業 Tel.03-5341-6920 Fax.03-5341-6921

e-mail support@wlpm.or.jp
印刷・製本 モリモト印刷株式会社

ISBN978-4-264-02783-6 C0021